Parmigiano!

PAMELA SHELDON JOHNS

Parmigiano!

DIE KLASSISCHEN REZEPTE

FOTOS VON STEVEN ROTHFELD
AUS DEM AMERIKANISCHEN VON BERNHARD ABEND

EDITION SPANGENBERG BEI DROEMER

Originaltitel: Parmigiano!
Originalverlag: Ten Speed Press, Berkeley, California

PARMIGIANO-REGGIANO,®  EXPORT,

und die Worte Parmigiano-Reggiano in allen Schreibweisen
sind eingetragenes Markenzeichen des Consorzio del Formaggio Parmigiano-Reggiano.

Die Folie des Schutzumschlags sowie die Einschweißfolie sind PE-Folien und biologisch abbaubar.
Dieses Buch wurde auf chlor- und säurefreiem Papier gedruckt.

Inhalt

Einführung

»Die Ursprünge des Parmigiano Reggiano sind sicher weit älter als die literarischen Quellen aus dem zwölften und dreizehnten Jahrhundert, die vom Ruhm dieses Käses künden. Sein Herkunftsgebiet ist immer noch dasselbe wie damals; das Ritual seiner Herstellung und die Sorgfalt, die darauf verwendet wird, sind unverändert. Eine solche jahrhundertelange Treue zu einem Produkt läßt sich nicht einfach mit kommerziellen Interessen oder mit Ernährungsgewohnheiten begründen. Die Geschichte des Parmigiano Reggiano wurzelt in einer Leidenschaft, die von Generation zu Generation weitergegeben wird ...«

Dieser Ausspruch des ehemaligen Vorsitzenden des *Consorzio del Formaggio Parmigiano Reggiano*, Giampaolo Mora, illustriert die tiefe historische Verankerung einer der berühmtesten Käsesorten der Welt. Befragen Sie irgend jemanden in Italien über den Parmigiano, und Sie werden ebenso leidenschaftlich, liebevoll und wortreich Auskunft über den König des ita-

lienischen Käses erhalten. Für die, die ihn herstellen, ist er ein lebendiges, atmendes Wesen. Mit ihm assoziiert man eine Region mit einer ruhmreichen Vergangenheit, die Namen von Künstlern, Komponisten, Literaten und Adligen und eine sanfte Hügellandschaft mit grünen Weiden: Die Emilia Romagna, das landwirtschaftliche Herzstück Italiens, liegt im Norden des Landes und ist Geburtsstätte vieler berühmter kulinarischer Spezialitäten. *Parmigiano Reggiano*, *Aceto balsamico* und *Prosciutto di Parma* sind nur die bekanntesten.

Parmigiano Reggiano eint die Gegensätze: Die traditionelle Art der Käseherstellung steht den hochmodernen Strukturen seiner Vermarktung gegenüber. Im übertragenen Sinne kann man ihn mit einem prähistorischen Karren mit Scheibenrädern vergleichen, der an einer vierspurigen Autobahn steht. Wie kann er mit all den hochgezüchteten modernen Gefährten Schritt halten? Wie überall auf der Welt sind auch in Italien die technischen

Italienische Käse mit geschützter Herkunftsbezeichnung

Eine Reihe von handwerklich hergestellten italienischen Käsearten sind durch ein Gesetz von 1955 geschützt. Diese Bestimmungen und Kontrollvorschriften sollen die Herstellungsmethoden, den Charakter und die Qualität der jeweiligen Käsesorten vereinheitlichen. Hier die wichtigsten Käsesorten:

Asiago

Caciocavallo

Fiore Sardo

Fontina

Gorgonzola

Grana Padano

Montasio

Mozzarella di bufalo

Parmigiano Reggiano

Pecorino romano

Pecorino siciliano

Provolone

Robiola di Roccaverano

Taleggio

Errungenschaften, besonders wenn sie Zeit und Mühe sparen, nicht mehr wegzudenken. Doch ist hier der Respekt vor der Tradition, das Bedürfnis, die Aromen der Vergangenheit zu bewahren, noch sehr lebendig; von hier ging die Slow-Food-Bewegung aus, die sich dem Kampf gegen Fast food und der »Verteidigung des Genießens« verschrieben hat. In Italien schützen Gesetze die handwerkliche Produktion von Lebensmitteln; freiwillige Zusammenschlüsse (*consorzi*) überwachen die Standards für bestimmte Produkte. Der Parmigiano Reggiano ist ein solches geschütztes Erzeugnis.

Die Kühe der Emilia Romagna, die den »Milchstrom« – wie man dort sagt – speisen, erhalten ein präzise zusammengestelltes Futter. Dank der modernen Methoden der Viehwirtschaft produzieren sie rund ums Jahr Milch. So ist der Käsemacher das ganze Jahr an der Arbeit, und er beginnt sein Tagewerk bei Morgengrauen.

Parmigiano ist nichts anderes als eine Kombination von Milch, Lab, Salz – und Zeit. Was macht ihn so einzigartig? Wie verwendet man ein so wertvolles Produkt? Die Rezepte in diesem Buch zeigen, wie der Parmigiano Reggiano Ihre Küche veredeln kann. Der Thron für den König des italienischen Käses aber ist die Tafel.

Frisch über dampfend heiße Gerichte gerieben, als Vorspeise oder Nachtisch in grobe Stücke gebrochen, zeigt er sich in seiner ganzen Pracht.

Was ist Grana?

Der Parmigiano Reggiano gehört zu einer als *grana* bezeichneten Kategorie von Käsen: harte, lang gereifte Käse, die eine körnig-kristalline Struktur haben. Das italienische Wort bedeutet eigentlich »Korn«, im übertragenen Sinn auch »Geld« und »Ärger«.

Nach dem Parmigiano ist der Grana Padano der bekannteste der italienischen Grana-Käse. Die Konkurrenz zwischen diesen beiden ähnlichen Produkten ist heftig und uralt. Der Grana Padano kommt aus der Nachbarschaft der Parmigiano-Region, und seine *zona tipica*, sein Herkunftsbereich, ist ebenso gesetzlich festgelegt wie die des Parmigiano. Sie umfaßt im wesentlichen die Poebene, die sich als Teil der Provinzen Piemont, Lombardei, Emilia Romagna und Venetien durch ganz Norditalien erstreckt. Einige Granasorten sind nach kleineren Regionen benannt, wie der Grana Lodigiano aus der Gegend um Lodi, dessen Geschichte genauso lang ist wie die des Parmigiano.

Guter Grana Padano kann mit weniger gutem Parmigiano konkurrieren. Beide Käsesor-

Grana

*Ein kleiner Produzent
von Parmigiano
Reggiano in den Hügeln
südlich von Reggio
wurde einmal nach
seinen beruflichen
Perspektiven gefragt.
Er grinste und sagte:
»Meine
Berufsaussichten? Nun,
was soll ein casaro
anderes machen als
grana?« Dazu muß man
wissen, daß grana nicht
nur eine Käseart
bezeichnet, sondern
auch »Ärger« oder »Geld«
bedeutet. In unserem
Fall allerdings meinte
der casaro wirklich nur
»Käse«.*

ten besitzen in etwa dieselbe Form und Größe, die Herstellung des Grana Padano gleicht der des Parmigiano, die Bestimmungen sind jedoch weniger restriktiv. So darf dem Grana Padano zur kräftigeren Färbung Safran beigegeben werden, und das Viehfutter darf Gärungshemmer enthalten, beides Methoden, die beim Parmigiano verboten sind. Der Grana Padano ist am karoförmigen Brandzeichen auf den Flanken des Käserades zu erkennen, das die Einhaltung der gesetzlichen Mindestbestimmungen garantiert. Aufgrund des größeren Herkunftsgebiets variiert er in Geschmack und Qualität, und er ist generell preiswerter, was ihm gegenüber dem Parmigiano Vorteile verschafft.

Auch andere italienische Regionen machen guten Grana, manchmal sogar aus Schaf- oder Ziegenmilch. Doch jeder Schritt weg vom Standard, der durch den Parmigiano definiert wird, führt zu geringerwertigen Produkten. Um sich Überraschungen zu ersparen, sollte man den Käse, wenn möglich, vor dem Kauf probieren.

Die Geschichte
Die Ursprünge der Käseherstellung liegen sicher sehr weit zurück. Im elften Jahrhundert kannten die Benediktiner schon Methoden, um Käse für ihre legendären Pilgerreisen von Kloster zu Klo-

ster zu konservieren. Die römischen Soldaten hatten auf ihren Märschen quer über den Kontinent nur Getreide, alten Käse und Wein als Proviant. Irgendwo, irgendwann in grauer Vorzeit muß ein Mensch aus Hunger oder Neugier geronnene Milch probiert haben. Historiker glauben, daß das zum erstenmal geschah, als man ein Kalb schlachtete, in dessen Magen das dort vorhandene Lab die Milch – die Nahrung des Kalbs – hatte gerinnen lassen. Vielleicht könnte Milch auch mit wilden Artischocken in Kontakt gekommen sein; sie enthalten ein Ferment, das die Etrusker nutzten, um ihren Käse herzustellen. Das Verfahren, Käse mit Salzlake zu behandeln und hart werden zu lassen, ist vielfach dokumentiert; nach einigen Quellen gab es schon im zehnten Jahrhundert einen Grana, der in Verbindung mit Parma genannt wird. Häufig zitiert wird eine skurrile Geschichte aus dem *Decamerone*, dem berühmten Novellenzyklus von Giovanni Boccaccio. Darin flunkert Maso dem einfältigen Calandrino etwas von einem Lande namens »Wohl bekomm's« vor: »Dort wäre ein Berg aus geriebenem Parmesankäse, auf dem Menschen ständen, die nichts anderes machten als Makkaroni und Eierklöße, die sie in Kapaunenbrühe kochten und dann den Berg hinunterkollern ließen.« Als die Geschichten zwischen

1349 und 1353 aufgeschrieben wurden, war den Florentinern also der harte Käse aus Parma schon bekannt.

Sehr früh fand der Parmigiano auch im Ausland großes Interesse. Der Käse wird schon im sechzehnten Jahrhundert in vielen französischen Publikationen erwähnt. In der *Encyclopédie* von Diderot und d'Alembert aus dem Jahr 1780 heißt es über den Parmigiano: »... der Name eines harten Käses, der in Italien hochgeschätzt ist und nach ganz Europa exportiert wird.« Auch nach Übersee kam er, zunächst als Geschenk für fremde Staatsoberhäupter; Thomas Jefferson ließ ihn in die neuen Vereinigten Staaten von Amerika importieren. Die Statistiken von Reggio Emilia nennen für 1913 eine Produktion von 7400 Tonnen Parmigiano, von denen etwa 3000 Tonnen exportiert wurden.

Was ist die *zona tipica*?

Eine *zona tipica* ist das gesetzlich festgelegte Gebiet, in dem ein bestimmter Käse hergestellt werden darf. Diese Abgrenzung ist vergleichbar mit dem D.O.C.-Siegel der Weinproduktion. Die *denominazione di origine controllata* bestimmt nicht nur das Areal, für das eine Bezeichnung verwendet werden darf, sondern auch die Ausgangsprodukte und die Verfahren der Weinbe-

reitung. Die *zona tipica* des Parmigiano Reggiano liegt in der Region Emilia Romagna und wird von denselben Flüssen und Bergen begrenzt wie in alten Zeiten. Das Herz der Region ist das Enzatal, wo vielleicht der erste Grana überhaupt hergestellt wurde. Der Fluß Enza trennt die Provinzen Parma und Reggio nell' Emilia voneinander, zwischen denen eine schon historische Konkurrenz besteht.

Zwar lokalisieren die Historiker den Ursprung des Käses im Enzatal, das zu Reggio gehört, doch bezeichnen ihn die meisten Quellen als *parmigiano*, das heißt »aus Parma« kommend. *Alla parmigiana* ist ein Küchenbegriff für eine Speise, die mit viel Parmigiano zubereitet bzw. mit Parmigiano überbacken wird. Die Geschichte erklärt, wie der Käse zu seinem Namen kam: Reggio Emilia gehörte einst zum Herzogtum Parma. Parma war ein großes Handelszentrum und zog viele Besucher an, so daß der Käse allmählich mit dieser Stadt in Verbindung gebracht wurde. Als die Herstellung des Parmigiano in diesem Jahrhundert gesetzlich geregelt wurde, fand man einen Kompromiß, indem man den Käse nach beiden Provinzen benannte. Im »Käsekrieg« sind nun beide Seiten des Tals gleichberechtigt, doch glaubt noch mancher, daß von der Reggio-Seite des Enzatals der bessere Käse kommt. Außer den Provinzen Parma und Reggio gehören zur *zona tipica* auch noch die Provinz Modena sowie Teile der Provinzen Mantua (südlich des Po) und Bologna (westlich des Reno).

In dieser Gegend gibt es viele alte *caselli*, kleine, achteckige Molkereigebäude mit Ziegelmauern und Gitterfenstern, die Licht und Luft hineinlassen. Die Landschaft ist von zurückhaltender Schönheit, besonders im Winter, wenn Frost und Nebel über ihr liegen. Doch im Frühjahr wird das Land zu einem endlosen grünen Meer; im frühen Sommer blühen leuchtendrote Mohnblumen, und bald darauf sieht man Sonnenblumen, soweit das Auge reicht. Noch im Herbst sind die Farben üppig und einladend. Überraschenderweise sieht man selten Kühe in dieser Weidelandschaft. Das reiche Land ist ein Wunderwerk der Agrartechnik, und die Renditen, die seine herrlichen Produkte ermöglichen, machen das Gelände zu wertvoll, um Kühe und Schweine darauf ungehindert grasen oder wühlen zu lassen.

Die Emilia Romagna wird als das Herz Italiens bezeichnet. In früheren Zeiten stand sie völlig unter Wasser; erst im dreizehnten und vierzehnten Jahrhundert wurde das Sumpfgebiet trockengelegt. Dank der Bewässerung bringt das fruchtbare Land heute diverse Gemüse, Getreide, Wein und Öl hervor, außerdem das nahrhafte Futter für die Kühe, aus deren Milch – die als die fetteste in Italien gilt – der Parmigiano entsteht. Nicht verwunderlich, daß die größten Molkereibetriebe, getreideverarbeitenden Firmen und Konservenfabriken Italiens hier zu finden sind. Die Landwirtschaft ist ein Wirtschaftsriese geworden, doch ist auch das Bewußtsein für die Umweltprobleme gewachsen, die sich aus der Verwendung von Düngemitteln und Pestiziden, aus der Verarmung der Böden durch die permanente Überbeanspruchung ergeben.

Auch die Produktion von Parmigiano Reggiano hat einen Boom erlebt, so daß jetzt Mengenbeschränkungen eingeführt werden, um den Qualitätsstandard zu halten. Viele große Genossenschaften und einige wenige kleine Erzeuger konkurrieren in diesem lukrativen Geschäft. Die Kleinen können nur schwer bestehen, da die Kooperativen im Kampf um die benötigten Milchmengen manchen Preiskrieg anzetteln. Trotzdem ist der Parmigiano das Ergebnis von Handarbeit, das den kleinen Erzeugern, die guten Käse machen, eine reelle Überlebenschance gibt. Das Konsortium für den Schutz des Parmigiano formuliert dies so: »Siebenhundert Jahre und mehr haben wir mühsame Arbeit, Gehorsam und Erfahrung in das Recht investiert, unseren Lebensunterhalt mit einem Produkt zu verdienen, das Könige ebenso schätzen wie gewöhnliche Sterbliche.«

Die Menschen der Emilia Romagna sind harte Arbeiter. Sie haben Spaß an der Arbeit und feiern ihre Ergebnisse. Ihre Leidenschaft für Kunst und Musik und ihr Sinn für Perfektion in puncto Essen schaffen ein Klima, in dem Höchstleistungen entstehen können. Bei einem Land, aus dem Größen wie Giuseppe Verdi, Luciano Pavarotti, Arturo Toscanini und Federico Fellini stammen, ist es ein Understatement, von Leidenschaft zu sprechen. Jahrhunderte des Überflusses haben viele kulinarische Klassiker hervorgebracht: neben dem Parmigiano Reggiano den Parmaschinken (*prosciutto di Parma*), den Balsamessig (*aceto balsamico*) und diverse Pastagerichte. Die herzhafte Küche spiegelt die landwirtschaftlich geprägte Geschichte der Region wider. Und doch ist sie eine anspruchsvolle Küche, komplex und arbeitsintensiv, von den Ausgangsprodukten bis hin zum fertigen Gericht.

Wie entsteht Parmigiano Reggiano?

Für den Käsemacher gibt es keine Ferien. Seit der Einführung der künstlichen Besamung geben Kühe das ganze Jahr Milch. Als das *Consorzio del Formaggio Parmigiano Reggiano* mich zum Besuch einer Molkerei einlud, konnte ich den Termin unabhängig von der Jahreszeit wählen. Nicht frei wählen konnte ich die Tageszeit, denn die Arbeit beginnt dort am frühen Morgen. Auf der Via Emilia, die bis auf das Jahr 187 v. Chr. zurückgeht, fuhr ich kurz nach Sonnenaufgang nach Parma. Dort traf ich den Gastgeber vom Consorzio, Alfredo Busani, und wir begaben uns in das südlich gelegene Dorf Marano. Ich dachte, wir seien früh dran, aber die Morgenmilch war schon eingetroffen, und die Familie Campanini war fleißig an der Arbeit. Ihr *casello* gehört zu einer Genossenschaft von Käseherstellern, die die Milchproduktion und Arbeit der Campaninis vergütet. Die *Latteria Cooperativa di Marano* ist relativ jung; sie wurde 1995 ins Consorzio aufgenommen, doch Signor Campanini hat fast sein ganzes Leben lang Käse gemacht. Der *casaro*, der Senner

oder Käsemacher, durchläuft eine zehn- bis fünfzehnjährige Lehrzeit bei einem *maestro casaro*. Jetzt arbeitet Campaninis Sohn Massimo bei seinem Vater und erlernt das Handwerk; später wird er einmal seine Stelle einnehmen.

Der große Fabrikationsraum überraschte mich, denn die meisten Erzeuger, die ich kennengelernt hatte, waren kleine bäuerliche Betriebe. Dies hier war ein blitzblankes Laboratorium, weiß gekachelt, mit verchromten Armaturen, Arbeitstischen aus Edelstahl und großen Kupferkesseln. Die Milch vom vergangenen Abend hatte man in großen Edelstahlbottichen über Nacht stehenlassen, damit sich die Sahne absetzen und die Fermentation beginnen konnte. Am Morgen, bevor wir ankamen, wurde ein Teil der Sahne abgeschöpft (sie wird für Butter verwendet). Hier ist das Können des Käsemachers wichtig: Die Menge der verbleibenden Sahne muß dem Kasein- bzw. Proteingehalt der Milch genau angepaßt sein. Man läßt soviel Sahne in der Milch wie möglich, doch kann das Protein nur eine bestimmte Menge aufnehmen. Je mehr Fett im

Käse bleibt, desto länger kann er reifen und damit ein komplexeres Aroma entwickeln. Der Proteingehalt ändert sich mit den Jahreszeiten, und bei höheren Werten – üblicherweise im Frühherbst – muß weniger Sahne abgeschöpft werden, was einen fetteren Käse ergibt. Über die Herkunft jeder Milchlieferung wird genau Buch geführt, so daß bei eventuellen Problemen der Bauernhof, von dem die Milch kam, identifiziert werden kann.

Campanini mischt nun die teilweise entrahmte Milch mit frischer Morgenmilch und füllt alles in große, konische Kupferkessel. Kupfer ist bei der Käsebereitung ein wichtiges Element, denn es ist gut wärmeleitend und setzt eine saure Reaktion in der Milch in Gang. Während die Milch erwärmt wird, gibt Campanini etwas Molke vom Vortag zu, die er über Nacht stehengelassen hat, um den Säuregehalt zu erhöhen. Eine Prüfung des Säuregehalts ist wichtig, da er für das Endprodukt entscheidend ist. Die Mischung wird weiter erhitzt, dann wird Lab zugesetzt, das die Gerinnung bewirkt. Lab wird für die traditionelle Herstellung von Parmigiano aus den Mägen von Milchkälbern gewonnen.

Eine moderne Molkerei verfügt über elektronisch geregelte Rührwerke und Thermostate sowie über zwölf Kupferkessel, die gleichzeitig in Betrieb sind. Jeder faßt etwas über 900 Liter Milch, die zwei Laibe Käse ergeben. Die Käsemacher sind nun ständig in Aktion. Die Milchmixtur wird immer wärmer, und der »Bruch« beginnt sich abzusetzen; innerhalb einer Viertelstunde hat sich der ganze Inhalt in feste Bestandteile und Molke getrennt. Campanini siebt von Zeit zu Zeit kleine Stücke aus und drückt sie zwischen den Fingern zusammen, um ihre Konsistenz zu prüfen. Jetzt ist der richtige Zeitpunkt gekommen, den *spino* einzusetzen, einen riesigen Schneebesen aus Edelstahl. Der *spino* – das bedeutet »Dornbusch« – ist das altbewährte Gerät, mit dem die geronnene Masse zu reiskornkleinen Partikeln gebrochen wird. Dafür gibt es noch keine Maschine. Campanini rührt und schlägt den Bruch mit aller Kraft. Anschließend, wenn die Masse zufriedenstellend gleichmäßig gebrochen ist, wird sie weitere zwölf bis fünfzehn Minuten erhitzt, bis sie genau 55 Grad Celsius erreicht hat und der Bruch fest geworden ist. Das ist kein Routineprozeß, die Milch verhält sich jeden Tag anders, und der Käsemacher hat gelernt, die visuellen und taktilen Indizien richtig zu interpretieren.

Für eine halbe Stunde läßt man die Mischung ruhen und abkühlen. Dabei ballt sich die glänzende Bruchmasse am Boden des Kessels zu einem großen Klumpen zusammen. Campanini und sein Sohn arbeiten nun in sorgfältiger, ökonomischer Choreographie zusammen, um ihn mit einem großen, handgewebten Tuch aus Hanf und Leinen einzuholen und aus dem Kessel zu hieven. Dann wird er an eine Metallstange über den Kessel gehängt, damit die Molke abtropfen kann. Eine harte Arbeit, denn dieser Klumpen wiegt um die 75 Kilo. In diesem Stadium ähnelt der Käse einem glänzenden Ball Hefeteig. Nun teilt Campanini die Bälle in zwei Teile, packt jeden Teil in ein gesondertes Leintuch und anschließend in eine runde Plastikform. Ein schwerer

Das Entstehen von Käse

Oben links:
Nach einer halben
Stunde hat sich der
Bruch am Kesselboden
gesammelt. Er wird nun
mit handgewebten
Tüchern aus Hanf und
Leinen eingeholt.

Unten links:
Jede der beiden Hälften
kommt nun in ein
eigenes Tuch.

Oben rechts:
Der Klumpen wird in
zwei Hälften
geschnitten, die je einen
Käse ergeben.

Unten rechts:
Der Käsemacher und
sein Helfer hängen die
beiden »Babys« an einer
Stange über dem Kessel
auf, damit Molke
ablaufen kann.

Holzdeckel wird draufgesetzt, der weitere Flüssigkeit herausdrückt und den Inhalt vor zu schnellem Auskühlen bewahrt. Während die Molke abläuft, wird der Bruch umgedreht und das Leintuch alle zwei Stunden gewechselt; nach ein paar Stunden wird die Plastikform für einen Moment abgenommen, damit die Beschriftungsschablone eingesetzt werden kann, ein Kunststoffband mit einer Punktmatrix, die in Großbuchstaben den Namen PARMIGIANO REGGIANO sowie Monat, Jahr und die Nummer der Molkerei in die Außenseite des Käserads prägt. Nun wird eine siebartige, bauchige Stahlform um den künftigen Käse gelegt, der jetzt für einige Tage ruht; dabei wird er regelmäßig umgedreht, so daß Ober- und Unterseite flach werden.

Die Flüssigkeit, die im Kessel zurückbleibt, ist die Molke. Ein Teil davon wird in einem geschlossenen Behälter beiseite gestellt, damit er fermentieren und am nächsten Tag als Starthilfe (Säurewecker) verwendet werden kann. Aus dem Rest macht man Ricotta, oder man füttert damit Schweine – kein Wunder, daß der Parmaschinken so aromatisch ist! Nach zwei, drei Ta-

gen des Trocknens behält der Käse seine Form, und die Bandage wird entfernt.

Nun sahen wir uns die Räume an, in denen der Käse in Salzlake bzw. an der Luft reift. Anders als das helle, luftige Labor war der Salzraum kalt, dunkel und etwas unheimlich, da sich die Käselaibe in dem Salzwasser leicht bewegen. Sie bleiben zwanzig bis fünfundzwanzig Tage in der Lake, wobei sie jeden Tag umgedreht werden, damit das Salz gleichmäßig eindringt. Nach einer kurzen Trockenphase kommen die Käse in hölzerne Regale, wo sie mindestens zwölf Monate reifen, bevor sie geprüft und einem Großhändler zur sechsmonatigen abschließenden Reifung übergeben werden. Diese findet häufig in gesicherten Gewölben statt, die im Besitz von Banken sind, denn der Käse stellt ein wertvolles Handelsgut dar. Manche Banken haben 200 000 Laibe und mehr gelagert, die auch als Sicherheit für Kredite dienen. Es gab sogar Überfälle auf »Käsebanken«, ungeachtet der Tatsache, daß jeder Käse datiert und numeriert ist und somit seine Herkunft leicht festgestellt werden kann.

Mit Ehrfurcht betraten wir den Reifungs-

Die Kunst des Parmigiano Reggiano

Leo Bertozzi, für das Marketing zuständiger Vizepräsident des Consorzio del Formaggio Parmigiano Reggiano, *definiert den Käse als »dreißig Prozent Milch und siebzig Prozent Handwerkskunst«. In jedem 36-kg-Käserad stecken nicht nur Milch, Lab und Salz, sondern viel Geschichte, Kultur, Landwirtschaft und Technik.*

keller. Regalbretter vom Boden bis zur hohen Decke waren dicht mit Tausenden von Käselaiben in verschiedenen Reifestadien bestückt. Der Raum war von einem kräftigen Duft erfüllt, dennoch nicht stickig. Ich hatte das Glück, daß Inspektor Busani vom Consorzio mich begleitete; Campanini wählte sorgfältig einen Käse aus und plazierte ihn auf einem kleinen runden Tisch, der offensichtlich genau dafür gedacht war. Busani erläuterte: Während der Käse trocknet und reift, wird er immer wieder gedreht, abgestaubt und auf ölige Abscheidungen und Verfärbungen untersucht. Bakterien können sogar das Entstehen von Löchern verursachen, was man an dem hohlen Klang

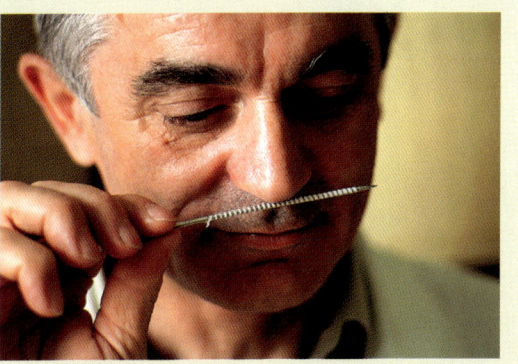

erkennt, den der Hammer der Inspektors erzeugt. Außer dem *martello*, dem Prüfhammer, benützt der Inspektor einen *ago*, einen dünnen Bohrer, der in den Käse gedreht und wieder herausgezogen wird. Damit prüft man das Aroma des Käses, außerdem läßt sich am Widerstand, auf den der Bohrer stößt, der Zustand des Inneren erkennen. Die *sonda* ist ein Gerät, das aussieht wie ein halbierter Kernhausausstecher,

und man entnimmt damit, wenn nötig, dem Käse eine Probe. Laibe, die verdächtig erscheinen, werden ringsum mit vielen großen »X« gekennzeichnet. Unter der Bezeichnung *grana da pasto* (Tafelkäse) werden sie billig an lokale Abnehmer verkauft, sie gelangen niemals in den Export. Nur ein perfekter Laib enthält das Brandzeichen, das Gütesiegel des Konsortiums.

Die Leute, die uns begleiteten, sprachen in gedämpftem Ton, während Busani auf die Käse klopfte und Proben entnahm. Zu meiner Überraschung ritzte er die Rinde eines Laibs entlang einer Linie ein, die exakt seine Mitte markierte; dann wurde mir klar, daß er ihn für mich teilen wollte. Nach Einschneiden der Rinde rings um den Käse nahm er zwei Messer mit kurzen, mandelförmigen Klingen, drückte sie an den Enden der Durchmesserlinie in die obere Fläche, bewegte sie leicht hin und her und trieb sie noch tiefer hinein, bis der Käse in einem atemberaubenden Moment auseinanderbrach – in zwei perfekte Hälften. Dieses Aroma! Goldgelbe Stückchen fanden rasch ihren Weg in meinen Mund, und ich spürte das Prickeln der Aminosäuren auf meiner Zunge. Campanini lächelte und nickte.

Die Kühe

»Milchmaschinen« sind heute die etwa 200 000 Kühe der Rasse *Frisona Italiana*, einer Kreuzung von nordamerikanischen Holsteinern und niederländischen Friesen. Im Jahr 1693 beschrieb der Schweizer Mönch Georg König die Kühe, die die Milch für den »berühmten Parmesankäse« geben, als groß, aber nicht hochgewachsen, mit roten und schwarzen Flecken. Das waren möglicherweise Kühe der *Razza Reggiana* oder *Vacche Rosse*, die »roten Kühe«, die seit dem Mittelalter in Reggio gezüchtet wurden. Nach und nach wurden sie, da ihre Milchleistung gering war, durch die Schweizer Bruna-Alpina ersetzt, die sich aber als anfällig erwies; sie war besser für die Bergregionen geeignet. Beide Rassen lieferten Milch mit hohem Eiweißgehalt, was für einen guten Käse entscheidend ist. Die meisten Tiere gingen im Zweiten Weltkrieg verloren und wurden durch Holsteiner aus Holland ersetzt, ab 1970 durch die besser geeigneten amerikanischen Tiere.

Die Frisona liefert pro Tag durchschnittlich 25 Liter Milch, deshalb ihre Bezeichnung als »Milchmaschine«, doch der Eiweißgehalt ist niedriger als bei den beiden älteren Rassen, was bedeutet, daß der Käse nur zeitlich begrenzt reifen kann. Die *Vacche Rosse* erleben auf einigen Bauernhöfen ein vorsichtiges Comeback. Da sie nicht soviel Milch geben, ist der Parmigiano aus ihrer Milch teurer. Achten Sie auf das Logo mit zwei roten Kühen, die einen Karren ziehen.

Mit Ausnahme sehr ländlicher Gegenden läßt man die Kühe nicht weiden. Sie leben in eingezäunten Arealen und bekommen ihr Futter oft computergesteuert zugeteilt. Es enthält Gräser, Alfalfa und Getreide in unterschiedlicher Zusammensetzung je nach Region: in den Vorbergen mehr Gras und Klee, in der Ebene und den Tälern mehr importiertes Trockenfutter. Da Gärungshemmer nicht zugelassen sind, verwenden eine Reihe von Bauern lieber Trockenfutter, wenn frisches nicht ohne Probleme zur Verfügung steht. Die Milch von den verschiedenen Höfen ist nicht uniform, und sie soll es nicht sein; dies trägt zur Einzigartigkeit des Produkts bei.

Das *Consorzio del Formaggio Parmigiano Reggiano*

Das Verhältnis zwischen den Bauern, die die Milch liefern, und den Käsemachern ist seit jeher problematisch. Schlechte Milch kann einen

Käsehersteller in Gefahr bringen, und ein schlechter Käse kann den Ruf eines Bauern zerstören.

Mit wachsender Popularität des Parmigiano Reggiano mußten die Milchproduzenten daher Wege finden, die größere Nachfrage zu befriedigen und gleichzeitig die Qualität zu sichern. In kleineren Gebieten gab es heftige Konkurrenz, ja bittere Kämpfe, unter den Bauern, denen im 19. Jahrhundert eine ganze Reihe von Molkereien zum Opfer fielen. Mit der Zeit wurde den Bauern aber klar, daß sie zusammenarbeiten mußten, um ihr Produkt am Markt durchzusetzen und seinen individuellen Charakter zu schützen. Nach dem Ersten Weltkrieg entstanden Genossenschaften, der kommerzielle Erfolg wuchs, doch bald gab es Probleme mit der Kontrolle und der Einführung neuer Techniken. Nur eine neutrale Körperschaft konnte in dieser Situation vermitteln. 1934 wurde in Reggio Emilia das »Konsortium für den Schutz des Parmigiano Reggiano« gegründet, das Tradition und Fortschritt unter einen Hut bringen sollte, wobei soziale, politische, wirtschaftliche, gastronomische und kulturelle Faktoren berücksichtigt werden mußten.

Im Jahr 1951 einigten sich neun europäische Staaten über Definition und Qualitätsbestimmung von dreiundzwanzig lokalen Käsespezialitäten, darunter der Parmigiano Reggiano. Die Abgrenzungen und Präzisierungen, die daraufhin Jahre später folgten, bestätigten die Grenzen des Produktionsgebiets, wie sie 1934 festgelegt worden waren.

Weitere Änderungen gab es 1984. Bis dahin durfte der Parmigiano Reggiano nur zwischen 1. April und 11. November produziert werden. Als die Kühe das ganze Jahr über Milch geben konnten, wurden die Bestimmungen entsprechend geändert. Seitdem darf der Parmigiano Reggiano rund ums Jahr hergestellt werden.

Heute finanziert sich das Konsortium, das keinen Profit erzielen darf, aus den Beiträgen von 650 Käseherstellern, die für seine Dienste pro Käse 8500 Lire bezahlen. In erster Linie übernimmt es Verbandsaufgaben, es soll aber auch die Qualitätssicherung des Produkts garantieren. Seine Wissenschaftler überwachen die Qualität der Milch und des Viehfutters in über 10 000 landwirtschaftlichen Betrieben. Sie sind verantwortlich für die Prüfung und die offizielle Freigabe des Käses mit dem Brandzeichen, das die Einhaltung der Bestimmungen garantiert. Das Konsortium registriert jede Molkerei und teilt festgelegte Kontingente von Plastikbändern zu, mit denen das Markenzeichen in den Käse geprägt wird. Diese Bänder werden streng bewacht, um Fälschungen zu verhindern. Weiterhin hat das Konsortium eine wichtige Marketingfunktion; es soll den Handel und den Export unterstützen und legt Preise, Lieferquoten und Distributionspolitik fest. Im Jahr 1996 wurden ca. 2,9 Millionen Käselaibe hergestellt, sieben Prozent davon gingen in den Export.

Das Erkennungszeichen des echten Parmigiano Reggiano ist ein auf dem Rand stehendes Käserad mit dem vielfach wiederholten Namen PARMIGIANO REGGIANO. Neben dem Käserad ist ein großes Stück Parmigiano auf einem Teller mit dem traditionellen mandelförmigen Parmigianomesser abgebildet. Diese Darstellung findet man auf Portionspackungen und auf den Schildern von offiziellen Verkaufsstellen.

Die Bestimmungen für den Parmigiano Reggiano

Parmigiano Reggiano ist ein Naturprodukt, entstanden aus dem Zusammenspiel vieler verschiedener Faktoren; einige kann man kontrollieren, andere nicht. Dies betrifft die Milch, traditionelle Verfahren und neue Techniken, landwirtschaftliche Rahmenbedingungen, Viehzucht, die Arbeit auf dem Bauernhof, Geschäfts- und Handelsgepflogenheiten.

Leo Bertozzi, der für das Marketing zuständige Vizepräsident des *Consorzio del Formaggio Parmigiano Reggiano*, beschreibt den Käse als »dreißig Prozent Milch, siebzig Prozent Handwerkskunst«. Nach dem Gesetz von 1955 und den Änderungen von 1983 und 1990 darf nur Käse, der unter Berücksichtigung der folgenden strengen Bestimmungen hergestellt wurde, den Namen Parmigiano Reggiano tragen.

Herstellungsgebiet: Das zugelassene Gebiet umfaßt Teile der Provinzen Bologna (links des Reno) und Mantua (rechts des Po) sowie die Provinzen Modena, Parma und Reggio Emilia.

Produktion: Der Halbfettkäse wird unter Wärmeeinwirkung hergestellt und erfordert lange Reifung. Verwendet wird teilentrahmte Abendmilch zusammen mit Morgenmilch ohne künstliche Zusätze. Die Milch wird durch Zugabe von Kälberlab dickgelegt. Das Viehfutter muß zum großen Teil aus frischem Grünfutter unterschiedlicher Zusammensetzung bestehen. Zusatz von Gärungshemmern ist nicht erlaubt. Nach kurzer Zeit wird der Käse für zwanzig bis dreißig Tage in Salzlake eingelegt. Anschließend muß er mindestens ein Jahr reifen (meist eineinhalb bis zwei Jahre).

Beschreibung: Reifer Parmigiano hat folgende Eigenschaften:

- Form: Zylinder mit leicht konvexen Wänden. Der Rand an Ober- und Unterseite kann etwas aufgebogen sein.
- Abmessungen und Gewicht: 35 bis 45 cm Durchmesser, 18 bis 24 cm hoch, 30 bis 35 kg schwer.
- Äußeres: Ca. 6 mm dicke, harte Rinde, dunkel- bis goldgelb, ölig glänzend.
- Inneres: Die Farbpalette des Teigs reicht von Blaß- über Strohgelb bis zu Gelbbraun, je nach Zusammensetzung des Viehfutters und der Reifezeit.
- Struktur: Die allgemeine Bezeichnung *grana* verweist auf die feinkörnige Textur. Insgesamt ist die Struktur blättrig-schuppig und leicht brüchig. Die sichtbaren kleinen weißen Kristalle sind Aminosäuren, kein Salz.
- Fettgehalt: mindestens 32 % i. d. Tr.
- Aroma: Voll, angenehm würzig bis pikant und prickelnd, aber nicht scharf. Längere Reifung bewirkt ein komplexeres, würzigeres Aroma und eine brüchigere Textur.

Bezeichnungen: Jeder Käse, der die Prüfung durch das Konsortium bestanden hat, trägt folgende Marken und Zeichen:

- auf dem Rand des Käserads senkrecht und vielfach wiederholt den Schriftzug PARMIGIANO REGGIANO® in Großbuchstaben, so daß jeder Keil, der vom Rad geschnitten wird, diese Bezeichnung aufweist.
- die Registriernummer der Molkerei und das Datum (Monat/Jahr) der Verkäsung.
- das Brandzeichen des Konsortiums, das der Prüfer bei der Inspektion nach einem Jahr Reifung in die Rinde prägt. Es ist oval und nennt außen den Namen PARMIGIANO REGGIANO und die Jahreszahl, innen CONSORTIO TUTELA. Dieser Stempel ist die Garantie, daß der Käse den Bestimmungen entspricht.

Manche Käse tragen weitere Bezeichnungen:

- Zerteilter und verpackter Käse muß ein Etikett mit dem registrierten Warenzeichen aufweisen, einen Stempel, der dem Brandzeichen ähnelt, außerdem die symbolisierte Abbildung eines ganzen Käses, eines Keils und des traditionellen Parmesanmessers.
- Käse für den Export erhält ein besonderes Zei-

chen, das die Qualität und eine mindestens 18monatige Reifung garantiert. Ganze Räder erhalten es als Brandzeichen, Portionspackungen tragen es auf dem Etikett.

- Verpackter geriebener Käse: Nur fünf Produzenten in Italien dürfen geriebenen Parmigiano abpacken und vertreiben. Das Etikett trägt das Warenzeichen zusammen mit dem Wort GRATTUGIATO, was »gerieben« bedeutet. Diese Erzeuger müssen eine Kaution als Sicherheit dafür hinterlegen, daß der Inhalt ihrer Packungen 100 % echter Parmigiano Reggiano ist. Er muß mindestens 25 % Wasser enthalten, und es muß ein Verfallsdatum angegeben sein.
- Manche Erzeuger besitzen eine eigene Marke, wie Notari mit seinem Zeichen der *Vacche Rosse*, den zwei roten Kühen, die einen Karren ziehen. Außerdem haben Spezialhändler, die besonders guten Käse je nach Jahreszeit und Molkerei auswählen, ein eigenes Zeichen (z. B. Rocca).
- Wenn ein großes X über den Namenszug Par-

migiano Reggiano gestempelt ist, dann handelt es sich um *grana da pasto*, Käse, der vom Prüfer als minderwertig ausgesondert wurde.

Nährwert: Parmigiano Reggiano zeichnet sich durch besonders hohen Nährwert aus. Er hat relativ wenig Fett, mindestens 32 % in der Trockenmasse. In Italien gilt er als wertvoller Energiespender, der auch von Kleinkindern und alten Menschen gut verdaut wird. Er enthält sehr viel Eiweiß (33 %) und ist reich an Calcium, dafür ist der Gehalt an Laktose – dem natürlichen Milchzucker, der manchen Menschen Verdauungsprobleme bereitet – niedrig. Die Laktose befindet sich in der Molke, die zu 98 % beim Verkäsungsprozeß entfernt wird; der Rest wird bei der Fermentation chemisch umgebaut.

Einkauf von Parmigiano Reggiano

In dem Moment, in dem der Laib aufgebrochen wird, ist der Käse am besten. Sobald der Käse mit Luft in Kontakt kommt, verliert er an Aroma. Wenn Sie je einmal einen ganzen Käse kaufen sollten, muß er schnell nach dem »Öffnen« verbraucht werden. Wenn Ihr Händler nur Stücke anbietet, nehmen Sie möglichst solche in Vakuumverpackung. Bevorzugen Sie Käse, der frisch vom großen Stück gebrochen wird, dann kaufen

So wird ein Käse geöffnet

Oben links:
Die Rinde wird rund um den Käse etwas eingeschnitten, was die Bruchlinie markiert.

Unten links:
Die Messer werden vorsichtig hin und her bewegt und tiefer hineingetrieben.

Oben rechts:
An den seitlichen Enden
der Durchmesserlinie
werden kleine Messer
mit mandelförmigen
Klingen in den Käse
getrieben.

Unten rechts:
Der Käse zerbricht in
zwei Hälften und zeigt
seine körnige Struktur.
Dann wird er in Keile
geschnitten, so daß jedes
Teil ein Stück Rinde mit
dem Namenszug erhält.

Sie bei einem Händler mit lebhafter Nachfrage, und fragen Sie nach frisch angebrochenem Käse. Sehen Sie ihn sich an: Er sollte keine Löcher haben, angetrocknet, gummiartig oder ölig aussehen, und wenn man ein Stück abbricht, sollten weitere »Schuppen« abblättern. Nehmen Sie Stücke mit Rinde, weniger wegen der Identifizierung denn als Schutz vor raschem Austrocknen. Kaufen Sie nie geriebenen Käse, denn durch den intensiven Luftkontakt verliert er sein Aroma sehr schnell. Reiben Sie den Käse nur nach Bedarf.

Die traditionelle Art, einen ganzen Parmigiano aufzubrechen, ist folgende: Man zieht eine Linie, um die Hälften zu markieren. Mit einem gebogenen Messer, der *segna forme*, wird die Rinde ringsum etwas eingekerbt. An den Enden der Durchmesserlinie in der Deckfläche werden zwei Parmigianomesser mit kurzen, mandelförmigen Klingen in den Käse gedrückt, wobei man sie hin und her bewegt. Dann zerbricht der Käse sauber in zwei Hälften, die in keilförmige Stücke geteilt werden, so daß jedes etwas von der Rinde erhält. Wenn Sie – was sehr selten der Fall sein dürfte – zwischen verschiedenen Käsen wählen können, achten Sie auf die Molkereinummer. Oft gehören niedrige Nummern zu älteren Betrieben aus einem ländlichen Gebiet, wo die Kühe mehr Grünfutter erhalten. Diese Regel ist nicht völlig zuverlässig, da die Nummern alter Betriebe, die ihre Arbeit aufgeben, an neue übertragen werden, meist große, moderne Kooperativen. Fragen Sie nach der Region, aus der der Käse kommt, ob er aus der Ebene oder den Bergen stammt. »Bergkäse«, der im Herbst gemacht wird, ist häufig robuster, da das Gras im Frühherbst noch einmal wächst.

Käse von ein und demselben Erzeuger ist jahreszeitlich unterschiedlich. Käse aus dem Frühjahr muß über zwei Sommer reifen, während Herbst- oder Winterkäse in seiner 18monatigen Reifezeit mehr kalte Witterung mitbekommt. Frühlingskäse kann früher reif sein, wobei er im Charakter leichter wird; er kann durch das Karotin aus den gelben Wiesenblumen im Futter kräftiger gelb gefärbt sein. Winterkäse entwickelt sich langsamer und kann länger reifen. Während in der Vergangenheit Parmigiano Reggiano mit dem Alter immer besser wurde, ist heute – wegen des geringeren Proteingehalts – ein Alter von zwei Jahren optimal.

Aufbewahrung

Sobald der Käse einmal geöffnet ist, kann er bei richtiger Lagerung sein Aroma einen Monat lang bewahren. Dazu packen Sie ihn in Pergament

(Butterbrotpapier), dann in einen Plastikbeutel und geben ihn in den Kühlschrank. Wenn der Käse trocken wird, schlagen Sie ihn in ein feuchtes Geschirrtuch ein und lagern ihn einen Tag im Kühlschrank, dann verpacken Sie ihn wieder wie zuvor beschrieben. Einfrieren ist nicht zu empfehlen.

Kochen mit Parmigiano Reggiano

Contessa Rosetta Clara Cavalli d'Olivola ist Herrin des Principato di Lucedio im Piemont, eines der besten Reiserzeuger in Italien. Sie ist berühmt für ihren Risotto – und dafür, wie sie ihn serviert: Sie teilt ein Parmigiano-Rad horizontal und höhlt die Hälften weitgehend aus. Den fertigen Risotto gießt sie in eine solche »Käse-Schüssel«! Der heiße Risotto läßt etwas von dem Käse schmelzen, der dann mit dem Reis aus der Höhlung geschabt und mitserviert wird.

Normalerweise wird man solchen Aufwand nicht treiben. Meistens verwendet man den Parmigiano Reggiano gerieben. Für diese Prozedur gibt es die verschiedensten Vorrichtungen, mehr oder weniger schick, mehr oder weniger praktisch. Ein einfaches, altmodisches Maschinchen, wie es auf Seite 107 zu sehen ist, bewährt sich hervorragend; damit kann man ganz feine und auch grobe Späne hobeln. Für dünne Scheiben ist ein Kartoffelschäler gut geeignet. Das Parmesanmesser verwendet man, um kleine oder größere Stücke abzubrechen. Am Parmigiano ist alles eßbar bzw. verwendbar. Die Rinde kann man in Suppen und Eintöpfen mitkochen, sie gibt dem Gericht ein kräftiges Aroma. Parmigiano Reggiano ist berühmt als Käse zum Überbacken und eine ausgezeichnete Zutat für würzige Panaden, Füllungen und Saucen. Er paßt zu den meisten Speisen, mit Ausnahme von Fisch und Meeresfrüchten. Aus dem 18. Jahrhundert ist sogar ein Sorbet aus Parmigiano überliefert, das mit ungesüßter Sahne gemacht und als Käsegang serviert wurde.

Parmigiano Reggiano auf dem Eßtisch

Seinen königlichen Auftritt als Tafelkäse hat der Parmigiano in einem großen Stück, das bei Zimmertemperatur serviert wird. Bei Tisch wird er dann gerieben, oder es werden kleinere oder größere, mundgerechte Stücke abgebrochen, wofür sich das mandelförmige, kurze Parmesanmesser besonders gut eignet. Schneidet man den Käse, werden die Aminokristalle zerstört; Sie werden feststellen, daß er besser schmeckt, wenn man ihn einfach in unregelmäßige Stücke bricht.

Vorspeisen

ARTISCHOCKEN MIT PARMIGIANO-MAYONNAISE

*Besonders gut mit den ersten kleinen Artischocken des Frühjahrs,
aber auch große sind vorzüglich.*

Für 8 Personen:

8 kleine Artischocken
$1/2$ Zitrone
1 Knoblauchzehe
1 Eigelb
$1/8$ l Olivenöl extra vergine
3 EL geriebener Parmigiano
Salz, weißer Pfeffer aus der Mühle
1 Msp Safranfäden (nach Geschmack)
1 EL sehr heißes Wasser
3 EL Kapern

Artischocken: Die Blattspitzen abschneiden, die harten äußeren Blätter entfernen. Den Stielansatz abschneiden, so daß die Artischocken hingestellt werden können. Alle Schnittflächen mit Zitronensaft benetzen. In einen großen flachen Topf, der mit 5 cm Wasser gefüllt ist, setzen, die Zitronen über den Artischocken ausdrücken und ebenfalls ins Wasser geben. Zugedeckt 10 bis 12 Minuten köcheln lassen, bis die Artischocken weich sind und die Blätter sich gut ablösen lassen. Abgießen und bis zum Servieren kühl stellen.

Mayonnaise: Eigelb, Zitronensaft und geschälte Knoblauchzehe in einen Mixer geben und dick aufschlagen. Bei geringer Geschwindigkeit das zimmerwarme Öl langsam einlaufen lassen.

Den Safran 2 Minuten in heißem Wasser einweichen. Das Safranwasser und den Parmigiano unter die Mayonnaise rühren, mit Salz und Pfeffer würzen. Zudecken und kühl stellen.

Die Artischocken auf eine Servierplatte stellen und die Blätter etwas auseinanderdrücken. Die Mayonnaise zwischen die Artischockenblätter geben, mit Kapern bestreuen.

Fave-Bohnen in Himbeer-Chardonnay-Vinaigrette

*Ein reifer Chardonnay paßt wunderbar zu den jungen dicken Bohnen
und unterstützt das Prickeln des Parmigiano. Lassen Sie einige Bohnen ungeschält,
das macht den Salat noch interessanter.*

Für 6 Personen:

1 kg Fave (junge dicke Bohnen), enthülst
1 weiße Rübe oder kleine Jicama
3 Schalotten
3 EL Himbeeressig
2 EL Chardonnay
1/8 l Distelöl
Salz, Pfeffer aus der Mühle
1 TL glatte Petersilie
6 Radicchio-Blätter
50 g Parmigiano
100 g Himbeeren (nach Geschmack)

Die Fave 1 Minute in kochendem Wasser blanchieren. In Eiswasser geben, um den Kochprozeß zu stoppen, abtropfen lassen. Ein Drittel der Bohnen (die kleinsten) beiseite stellen. Die anderen Bohnen schälen: Haut an einem Ende aufreißen und den Kern herausdrücken.

Die weiße Rübe schälen und würfeln. In leicht gesalzenem kochendem Wasser 1/2 Minute blanchieren, abgießen und in Eiswasser geben.

In einer Schüssel die feingehackten Schalotten, eine Prise Salz, Himbeeressig und Chardonnay mit einem Schneebesen gut verrühren, dann das Öl kräftig unterschlagen. Pfeffern und feingeschnittene Petersilie zugeben.

Das Gemüse mit der Vinaigrette vorsichtig vermischen und 15 Minuten ziehen lassen. In die Radicchio-Blätter verteilen, grobe Parmigiano-Späne (und einige Himbeeren) darübergeben und servieren.

GRÜNER SPARGEL MIT PARMIGIANO REGGIANO IN PARMASCHINKEN

*Es gibt spezielle Töpfe, in denen der Spargel in einem perforierten Einsatz aufrecht steht:
Das härtere Ende kocht im Wasser, während die zarte Spitze im Dampf gart. Wenn Sie keinen
Spargeltopf haben, dann blanchieren Sie das Gemüse wie angegeben.*

Für 6 Personen:

18 Stangen grüner Spargel (ca. 250 g)
18 bleistiftdünne Stücke Parmigiano
6 Scheiben Parmaschinken, gekühlt

Den Spargel waschen und das Ende abschneiden. Wenn nötig, das untere Ende dünn schälen. In kochendem Salzwasser je nach Dicke der Spargelstangen 3 bis 5 Minuten blanchieren, bis sie eben weich sind. Herausnehmen und sofort in Eiswasser geben. Wenn der Spargel kalt ist, abtropfen lassen und trockentupfen.

Den Schinken mit einem scharfen Messer in 2 bis 3 cm breite Streifen schneiden. Je eine Spargelstange und einen Stift Parmigiano mit einem Schinkenstreifen umwickeln und auf einer Platte anrichten.

CARPACCIO

Bitten Sie Ihren Metzger, das Fleisch hauchdünn aufzuschneiden.
Es läßt sich leichter verarbeiten, wenn es sehr kalt ist.

Für 6 Personen:

400 g Rinderfilet, in sehr feine Scheiben ge-
schnitten, gekühlt
4 EL Olivenöl extra vergine
1 EL Kapern
1/2 TL Meersalz
1 EL glatte Petersilie
60 g Parmigiano
1 Handvoll Rauke (Rucola)
1 Zitrone
schwarzer Pfeffer aus der Mühle

Die Fleischscheiben auf 6 gekühlten Vorspeisentellern arrangieren.

Olivenöl, Salz, Kapern und feingeschnittene Petersilie vermischen und über das Fleisch
geben.

Die Raukeblätter waschen und in der Mitte
des Tellers dekorativ anordnen.

Parmigiano mit einem Kartoffelschäler in
sehr dünne Scheiben hobeln und auf der Rauke
plazieren.

Frisch gemahlenen schwarzen Pfeffer darübergeben, mit Zitronenachteln auftragen.

Pilzsalat mit Parmigiano Reggiano

Marinieren Sie so auch einmal anderes frisches Gemüse der Saison,
zum Beispiel Spinat oder Brokkoli.

Für 6 Personen:

500 g Champignons
2 Knoblauchzehen
5 EL Weißweinessig
Salz, frisch gemahlener weißer Pfeffer
0,2 l Olivenöl extra vergine
1 rote Paprikaschote
2 Stangen Bleichsellerie
4 EL glatte Petersilie
125 g Parmigiano

Knoblauch zerquetschen und mit einer Prise Salz und dem Essig gut vermischen. Das Öl unterschlagen, pfeffern.

Die Pilze von den Stielen befreien und halbieren, mit der Sauce mischen und bei Zimmertemperatur 1 Stunde ziehen lassen.

Die Paprikaschote in 3 cm lange feine Streifen und den Sellerie in dünne Scheiben schneiden. Alles zu den Pilzen geben und gut mischen.

Den Parmigiano in etwa 1 cm große Scheibchen brechen und mit der feingeschnittenen Petersilie unter den Salat mischen.

Radicchio-Salat

*Das leicht bittere Aroma des Radicchio verbindet sich mit Parmigiano
und Knoblauch zu einem interessanten Dreiklang. Servieren Sie den Salat
mit Parmigiano-Croûtons (rechts).*

Für 4 Personen:

2 mittlere Köpfe Radicchio
2–3 Knoblauchzehen
¹/₈ l Olivenöl extra vergine
2 EL Zitronensaft
1 TL Worcestersauce
Salz, weißer Pfeffer aus der Mühle
80 g Parmigiano

Radicchio putzen, waschen und in mundgerechte Stücke reißen.

Im Mixer Knoblauch, Öl, Zitronensaft und Worcestersauce aufschlagen. Mit Salz und Pfeffer würzen.

Parmigiano mit einem Kartoffelschäler dünn hobeln. Radicchio mit der Sauce vermengen und den Käse darüberstreuen.

Parmigiano-Croûtons

Sehr gut zu Radicchio-Salat, in Suppen oder als kleiner Appetithappen.

Für etwa 30 Croûtons:

1 Baguette
4 EL Olivenöl extra vergine
2 Knoblauchzehen
120 g Parmigiano

Backofen auf 180 Grad vorheizen. Die Baguette in 2 cm dicke Scheiben schneiden, die Scheiben auf ein leicht geöltes Backblech legen.

In einem kleinen Topf den zerquetschten Knoblauch mit dem Öl erhitzen, aber keine Farbe nehmen lassen. Auf die Seite stellen und 15 Minuten ruhen lassen, damit das Öl das Knoblaucharoma aufnimmt.

Den Parmigiano grob raffeln. Die Brotscheiben großzügig mit dem Öl einpinseln und mit Käse bestreuen.

Im Ofen 20 bis 25 Minuten backen, bis der Käse geschmolzen und leicht gebräunt ist.

Ein harmonisches Zusammenspiel

Die Verbindung verschiedener Aromen kann Wunderbares bewirken. Parmigiano, geröstete Walnüsse und Balsamessig gehören fast von Natur aus zusammen; süßer, knackiger Fenchel und säuerlich-frische Zitrusfrüchte setzen einen interessanten Kontrapunkt.

Blutorangen-Fenchel-Salat mit Walnüssen und Parmigiano

Auch im Winter muß man auf Frisches nicht verzichten!
Herrlich als Vorspeise oder als Bereicherung eines kalten Büfetts.

Für 4 Personen:

4 Blutorangen
1 große Fenchelknolle
1 Salatkopf (Eisbergsalat, Endivien, Frisée)
6 EL Olivenöl extra vergine
2 EL Balsamessig
Salz, Pfeffer aus der Mühle
90 g Walnußhälften, geröstet (s. S. 106)
100 g Parmigiano

Die Orangen filetieren und dabei die weißen Häutchen entfernen. Den Saft auffangen und mit den Filets in eine Schüssel geben.

Von der Fenchelknolle den Wurzelansatz abschneiden, eventuell unansehnliche Stellen entfernen, längs halbieren und quer in feine Scheiben schneiden. Zu den Orangen geben und vermischen.

Den Salat waschen, trockenschleudern und auf Vorspeisentellern auslegen. Orangen und Fenchel daraufgeben.

Essig mit Salz verrühren und mit dem Öl kräftig aufschlagen, pfeffern. Über den Salat träufeln. Käse mit einem Kartoffelschäler fein hobeln und mit einigen Walnüssen auf dem Salat verteilen.

GEFÜLLTE CHAMPIGNONKÖPFE

*Diese herzhafte Vorspeise kann auch als vegetarisches Hauptgericht serviert werden.
Auch kurz überbacken hervorragend: Nur ein paar Minuten unter den Grill stellen,
bis der Käse geschmolzen ist.*

Für 4 Personen:

8 große Champignons
15 g getrocknete Steinpilze
¹/₂ l heiße Hühnerbrühe (s. S. 105)
3 EL Olivenöl extra vergine
3 Schalotten
3 Knoblauchzehen
1 Karotte
200 g Couscous (fertig gekocht)
120 g geriebener Parmigiano
Salz, Pfeffer aus der Mühle
1 Handvoll frische Kräuter (Petersilie, Thymian, Oregano, Majoran oder Rosmarin)

Backofen auf 200 Grad vorheizen. Ein Backblech leicht ölen. Von den Champignons die Stiele und die braunen Lamellen entfernen, mit der Höhlung nach oben auf das Backblech legen. Die getrockneten Steinpilze etwa 15 Minuten in der Hühnerbrühe einweichen. Abtropfen lassen (Einweichwasser aufbewahren) und fein schneiden.

Schalotten und Knoblauch hacken, die Karotte schälen und fein würfeln. In einer kleinen Pfanne das Öl erhitzen. Schalotten und Knoblauch 2 Minuten dünsten, dann Karotten und Steinpilze zugeben. Zudecken und Hitze reduzieren. 4 bis 5 Minuten schmoren lassen, bis die Karotten weich sind. Den Couscous zugeben und vom Herd nehmen. Zugedeckt 5 Minuten stehenlassen. Mit einer Gabel auflockern und die Hälfte des Parmigiano unterziehen. Mit Salz und Pfeffer würzen und in die Pilzhüte füllen.

Den Rest des Parmigiano mit den feingehackten Kräutern mischen und über die Pilze geben. In 20 bis 25 Minuten goldbraun backen.

MINESTRA DI FARRO

Was macht man in Italien mit der Parmigiano-Rinde, wenn aller Käse abgerieben ist?
Ich habe mal ein kleines Kind, das gerade zahnte, auf der Rinde kauen sehen.
Aber auch in der Küche ist die Rinde noch wertvoll: Sie gibt Suppen wie dieser Kraft und
Aroma. »Farro« ist Dinkel, eine alte, sehr eiweißreiche Getreidesorte mit herrlich
nussigem Geschmack, die man jetzt wieder überall bekommen kann.

Für 6 Personen:

200 g Borlotti-Bohnen (oder andere Bohnen-
kerne)
1 Rosmarinzweig
1 Knoblauchzehe
200 g Dinkel
8 EL Olivenöl extra vergine
1 Zwiebel
1 große Karotte
1 Selleriestange
1,5 l Hühnerbrühe (s. S. 105)
Parmigiano-Rinde, etwa handtellergroß
2 Knoblauchzehen
Salz, Pfeffer aus der Mühle
4 EL Petersilie

Bohnen über Nacht mit dem Rosmarinzweig und der ganzen Knoblauchzehe in kaltem Wasser einweichen. Dinkel ebenfalls über Nacht in Wasser einweichen.

In einem großen Topf die Hälfte des Öls erhitzen und die kleingewürfelten Gemüse darin rösten, bis sie zu bräunen beginnen (ca. 5 Minuten). Die Hühnerbrühe zugeben und zum Kochen bringen. Die Bohnen abgießen und hinzufügen, die Käserinde in den Topf geben. Hitze reduzieren, zudecken und 1 Stunde leise köcheln lassen. Den Dinkel und zwei zerquetschte Knoblauchzehen zugeben. Weiterkochen, bis die Bohnen und der Dinkel weich und cremig sind (ca. 1 bis 1^1/$_2$ Stunden). Hühnerbrühe zugeben, wenn die Suppe zu dick wird.

Mit Salz und Pfeffer würzen. Noch vorhandene Rindenreste herausnehmen. Suppe in Teller verteilen und je 1 EL feingehackte Petersilie und Olivenöl darübergeben.

Beilagen

ITALIENISCHER MANGOLDFLAN

*Dieses Rezept läßt sich vielfältig abwandeln. Probieren Sie auch
frischen Spinat oder Brokkoli anstelle von Mangold.*

Für 8 Personen:

4 EL Olivenöl extra vergine
1 rote oder gelbe Zwiebel
1 kg Mangold
0,2 l Milch
4 Eier
120 g geriebener Parmigiano
1 Msp Muskatnuß
Salz, Pfeffer aus der Mühle

Die weißen Stengel des Mangolds entfernen, Blätter in feine Streifen schneiden. Backofen auf 200 Grad vorheizen. 8 Flan-Förmchen leicht ölen.

In einer Pfanne die feingeschnittene Zwiebel in Öl weich dünsten, ohne Farbe annehmen zu lassen (ca. 3 Minuten). Den Mangold zugeben und weich dünsten (4 bis 5 Minuten).

Mangold mit der Milch im Mixer pürieren, abkühlen lassen.

Die Eier verschlagen und unter die Mangoldmasse rühren. Geriebenen Parmigiano zugeben, mit frisch geriebener Muskatnuß, Salz und Pfeffer würzen. In die Förmchen gießen. Förmchen in die mit Wasser gefüllte Fettpfanne stellen und den Flan bei 200 Grad 30 bis 35 Minuten stocken lassen. Sticht man mit einem Messer in die Mitte, muß es trocken bleiben. Einige Minuten abkühlen lassen und stürzen.

SPINATAUFLAUF

Diese klassische Beilage kann gut vorbereitet werden und ist daher für Einladungen hervorragend geeignet.

Für 6 Personen:

2 EL Butter
3 EL Mehl
0,3 l Milch
1 Lorbeerblatt
4 EL Olivenöl extra vergine
2 Knoblauchzehen
500 g frischer Spinat
Salz, Pfeffer aus der Mühle
100 g geriebener Parmigiano

Backofen auf 175 Grad vorheizen. Eine Auflaufform (ca. 30 x 20 cm) leicht fetten.

In einem kleinen Topf die Butter schmelzen, das Mehl zugeben und unter ständigem Rühren bei mäßiger Hitze 2 bis 3 Minuten durchschwitzen. Nach und nach Milch aufgießen, dabei gut rühren. Lorbeerblatt zugeben und 10 Minuten köcheln lassen, die Milchmischung soll dabei etwas eindicken. Spinat putzen, entstielen und waschen, gut abtropfen lassen und fein schneiden. In einem großen Topf gehackten Knoblauch und Olivenöl erhitzen, 2 Minuten dünsten lassen, dann Spinat zugeben und 5 bis 7 Minuten schmoren, bis alles Wasser verdampft ist. Salzen und pfeffern.

4 EL von der Béchamelsauce abnehmen, den Rest mit dem Spinat gut vermengen und in die Auflaufform geben. Den Parmigiano unter die restliche Béchamelsauce ziehen und über die Spinatmasse verteilen. (Soweit kann der Auflauf vorbereitet werden; zugedeckt bis zum Backen beiseite stellen.) 15 Minuten backen und sofort servieren.

EMILIOS FRICO-FÜLLHÖRNER

Frico, gebratener und erstarrter Käse, ist eine Spezialität des Veneto.
Für diese kalifornische Version nimmt man Parmigiano. Wenn Sie keine Hörnchenform
bekommen, bereiten Sie kleine Schichttörtchen aus drei Lagen Käse zu.

Für 6 Personen:

250 g geraffelter Parmigiano
250 g frischer Spinat
2 rote Paprikaschoten, enthäutet (s. S. 106)
1 Bund Basilikum
150 g Ziegenkäse
1 EL Balsamessig
3 EL Olivenöl extra vergine
Salz, Pfeffer aus der Mühle

Den Backofen auf 180 Grad vorheizen. Ein Backblech mit Pergamentpapier auslegen.

Den Spinat putzen, gut waschen und in feine Streifen schneiden, ebenso das Basilikum und die enthäuteten Paprikaschoten.

Den Parmigiano gleichmäßig auf dem Backblech ausbreiten und 5 Minuten im Ofen backen, bis der Käse zu einer zusammenhängenden Fläche geschmolzen ist. Etwas abkühlen lassen, dann sehr rasch den warmen Käse in Quadrate mit 15 cm Seitenlänge schneiden und um eine konische Hörnchenform aus Holz oder Blech wickeln.

Das Backblech mit frischem Pergamentpapier auslegen. Die Käsehörnchen daraufstellen und in den Ofen geben, bis sie knusprig und goldgelb sind. Sie dürfen nicht bräunen, da der Käse sonst bitter wird. Auf dem Blech auskühlen lassen.

Unmittelbar vor dem Servieren Spinat, in Streifen geschnittene Paprika, Basilikum und zerbröselten Ziegenkäse mit Essig und Öl vermischen und mit Salz und Pfeffer würzen. Den Salat in die Hörnchen füllen und sofort servieren.

Mit Parmigiano und Ricotta gefüllte Zucchiniblüten

Zucchiniblüten kann man im eigenen Garten ernten, auch in Feinkostgeschäften und auf Märkten sind sie nicht mehr selten. Sollten Sie sie dennoch nicht bekommen, nehmen Sie Mangold- oder große Spinatblätter, und umwickeln Sie die Füllung damit.

Für 8 Personen:

1 kg sehr kleine Zucchini
16 Zucchiniblüten
100 g Ricotta
60 g geriebener Parmigiano
1 TL frischer Thymian
1 EL glatte Petersilie
1 TL frische Minze
Salz, Pfeffer aus der Mühle

Backofen auf 200 Grad vorheizen. Backblech leicht einölen.

Enden der Zucchini abschneiden (größere Früchte halbieren oder vierteln) und in kochendem Salzwasser 30 Sekunden blanchieren, abgießen und sofort in eiskaltes Wasser geben. Abtropfen lassen und auf dem Backblech verteilen.

Die Zucchiniblüten vorsichtig ausspülen. In kochendem Wasser 5 Sekunden blanchieren, damit sie weich werden. Herausheben und sofort in eiskaltem Wasser abkühlen. Gleich wieder herausnehmen und auf Küchenpapier abtropfen lassen.

Den Ricotta mit dem Parmigiano und den feingehackten Kräutern gut verrühren und in einen Spritzbeutel füllen.

Käsemischung in die Blüten geben, die Enden leicht zudrehen und zu den Zucchini auf das Backblech legen. Mit Salz und frisch gemahlenem Pfeffer bestreuen. Backblech mit Alufolie abdecken und 10 Minuten backen oder kurz erwärmen.

Die Zucchini auf eine vorgewärmte Platte geben und die Zucchiniblüten darauf anrichten.

Mit Parmigiano-Risotto gefüllte Tomaten

Am besten im Spätsommer, wenn die Tomaten so richtig reif sind.
Im Winter füllen Sie Paprika oder Auberginen mit diesem Risotto.

Für 8 Personen:

8 reife Fleisch- oder Flaschentomaten
6 EL Olivenöl extra vergine
1 Zwiebel
200 g Risotto-Reis (Arborio, Vialone)

6 EL trockener Weißwein
ca. 1,5 l Hühnerfond (s. S. 105)
2 TL frischer Thymian
Salz, Pfeffer aus der Mühle
60 g geriebener Parmigiano
4 EL frisches Basilikum

Backofen auf 150 Grad vorheizen. Tomaten längs halbieren und aushöhlen (Saft ohne Kerne aufbewahren), auf einem Backblech verteilen.

Öl in einem schweren Topf erhitzen und die feingeschnittenen Zwiebel darin weich dünsten, keine Farbe annehmen lassen (ca. 3 Minuten). Den Reis ungewaschen in den Topf schütten und gut rühren, damit alle Körner mit Öl überzogen werden, und 3 bis 4 Minuten auf mittlerer Hitze rösten. Weißwein zugeben und rühren, bis er ganz aufgenommen ist.

Mit heißer Hühnerbrühe aufgießen (immer eine Tasse auf einmal) und den Risotto unter Rühren leicht köcheln lassen; darauf achten, daß er immer flüssig genug ist. Nach 15 bis 20 Minuten sollte der Risotto al dente sein. Tomatensaft, Thymian und restliches Olivenöl zugeben, salzen und pfeffern.

Den Risotto in die Tomaten füllen und ca. 10 Minuten im Ofen backen, bis sie heiß sind. Nicht zu lange im Ofen lassen, da sonst der Risotto trocken wird und die Tomaten zu kochen beginnen. Den Parmigiano darübergeben und unter dem Grill bräunen (ca. 2 Minuten). Auf eine vorgewärmte Platte setzen und mit dem in feine Streifen geschnittenen Basilikum garnieren.

Zwiebel-Apfel-Tarte

*Diese süß-pikante Tarte paßt ausgezeichnet zu gebratenem Schweinefleisch oder Huhn,
ist aber auch eine interessante Vorspeise.*

Teig

125 g Butter

200 g Mehl

$1/2$ TL Salz

4–5 EL kaltes Wasser

Zwiebel-Apfel-Füllung

5 EL Olivenöl extra vergine

2 große rote Zwiebeln

80 g geräucherter Bauchspeck (nach Belieben)

$1/8$ l Apfelsaft

1 Boskoop

3 Granny Smith

$1/4$ l Milch

2 Eier

$1/4$ TL Salz

1 TL gemahlener Koriander

100 g geraffelter Parmigiano

Teig: Das Mehl mit zimmerwarmer Butter in Stücken sowie Salz und Wasser mischen. Rasch zu einem glatten Mürbteig verarbeiten. In Klarsichtfolie einschlagen und eine Stunde kühl stellen. Backofen auf 180 Grad vorheizen.

Teig rollen und in eine leicht bemehlte Springform (26 cm Durchmesser) geben. Mit der Gabel einige Male einstechen, mit Butterbrotpapier auslegen und trockene Hülsenfrüchte darauf geben, dann 25 bis 30 Minuten backen. Hülsenfrüchte und Papier entfernen und abkühlen lassen.

Füllung: Bauchspeck in feine Streifen, Zwiebeln in dünne Scheiben schneiden. Äpfel (jede Sorte für sich) schälen, entkernen und klein würfeln. In einer großen Pfanne Öl erhitzen, Bauchspeck und Zwiebeln darin leicht anbräunen. Mit Apfelsaft ablöschen, dabei allen Bratsatz gut loskratzen.

Den gewürfelten Boskoop zugeben, Hitze reduzieren und schmoren lassen, bis die Apfelwürfel zerfallen und die Flüssigkeit aufgesogen ist (ca. 10 bis 15 Minuten). Abkühlen lassen.

Milch, Eier, Salz und Koriander gut miteinander verrühren und unter die abgekühlte Zwiebel-Apfel-Masse mischen, dann die Granny-Smith-Würfel auf dem Teigboden verteilen. Mit Parmigiano bedecken und 25 bis 30 Minuten backen, bis der Käse goldgelb und die Eiermilch fest ist. Etwas abkühlen lassen.

ÜBERBACKENE POLENTA-PLÄTZCHEN

Eine feine Begleitung zu vielen Fleischgerichten, aber auch hervorragend als Vorspeise mit einer pikanten Tomatensauce (S. 105).

Für 8 Personen:

1 1/4 l Hühnerbrühe (s. S. 105)
250 g Maisgrieß
60 g geriebener Parmigiano

Backofen auf 180 Grad vorheizen. Ein Backblech leicht ölen. In einem großen Topf die Hälfte der Hühnerbrühe aufkochen und Polantagrieß einrühren, Hitze reduzieren und unter ständigem Rühren 20 Minuten kochen. Dabei immer wieder heiße Brühe nachgießen, damit die Polenta flüssig bleibt. Die Polenta ist fertig, wenn sich der Maisbrei von der Topfwand löst.

Die Polenta auf dem Backblech 1 bis 1,5 cm dick ausstreichen, mit Parmigiano bestreuen und 15 Minuten backen, bis der Käse geschmolzen und leicht gebräunt ist. Abkühlen lassen. Runde Plätzchen (Durchmesser ca. 5 cm) ausstechen und unter dem Grill 3 bis 4 Minuten backen, nicht umdrehen. Sofort servieren.

KARTOFFELPÜREE MIT PARMIGIANO UND KNOBLAUCH

Nur eine Knolle Knoblauch zu backen (s. S. 106) ist zu aufwendig. Geben Sie ein paar mehr in den Ofen und verwenden Sie den Rest als Garnitur, als Brotaufstrich oder zum Würzen von Salaten.

Für 4 Personen:

4 große Kartoffeln
1 gebackene Knoblauchknolle (s. S.106)
1/4 l heiße Milch
2 EL Olivenöl extra vergine
125 g geraffelter Parmigiano
Salz, Pfeffer aus der Mühle

Kartoffeln schälen und grob zerteilen, in kaltem Wasser aufsetzen und weich kochen (ca. 20 Minuten). Abgießen und abdampfen lassen, passieren oder stampfen. Die Knoblauchzehen aus den Häuten drücken, zerquetschen und mit heißer Milch, Öl, Salz und Käse zum Kartoffelpüree geben; auf schwacher Hitze mit dem Schneebesen luftig aufschlagen. Wenn nötig salzen und mit Pfeffer würzen. In eine vorgewärmte Schüssel geben und sofort servieren.

Parmigiano: besser als jede Medizin

Molière, der berühmte französische Komödiendichter des 17. Jahrhunderts, lebte in seinen letzten Jahren nur von Parmigiano und Wein, was viele seiner Freunde nachahmten. Er soll einmal gesagt haben: »Ah, die Suppen, die meine Frau kocht, sind Salzsäure für mich; wissen Sie, was sie da alles hineingibt! Nein, geben Sie mir lieber ein kleines Stück Parmesan.«

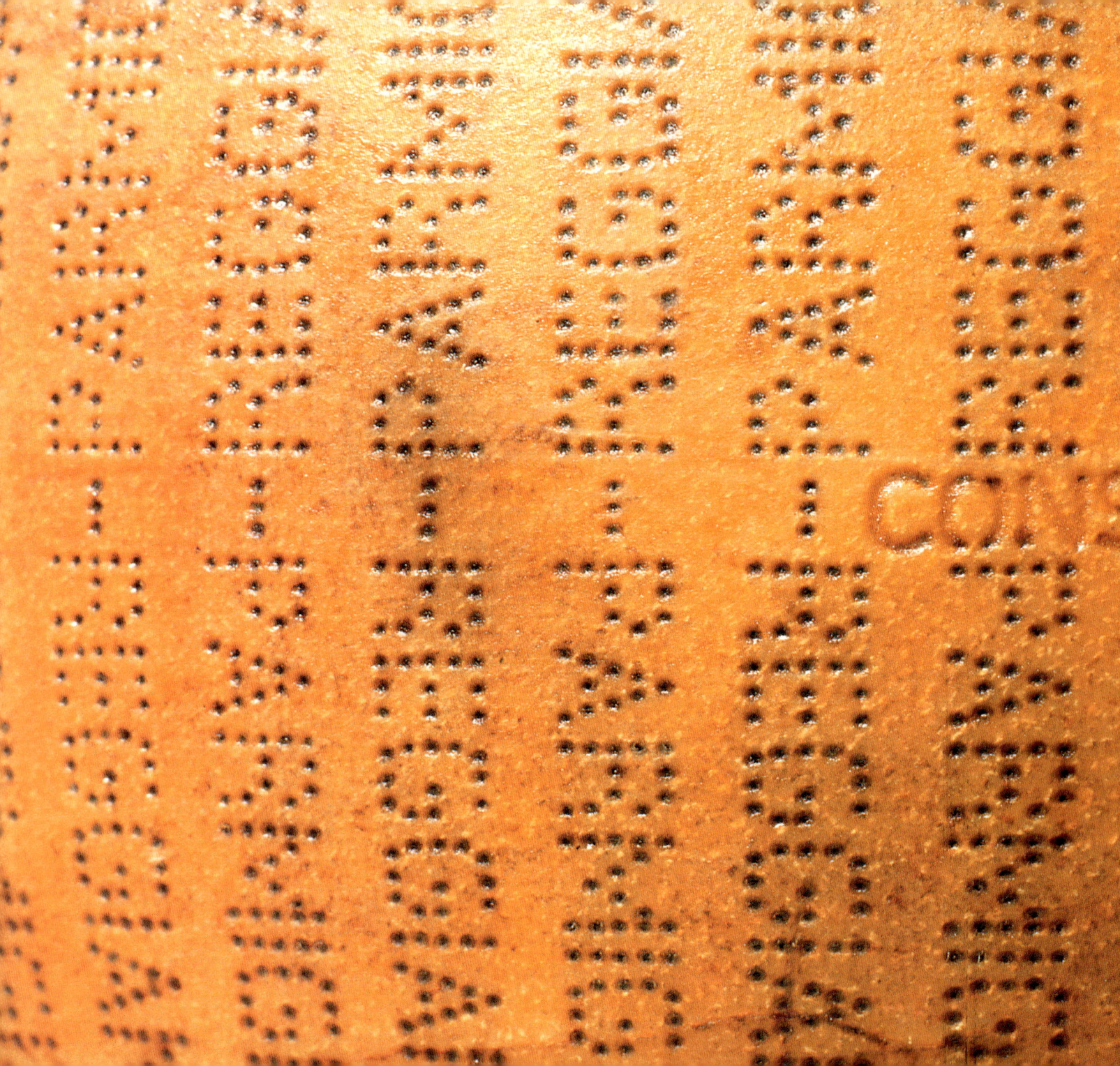

RZIO 1994

Pasta

SPAGHETTI CARBONARA

Wenn möglich, nehmen Sie italienischen Pancetta: Er gibt diesem Gericht den besonderen, traditionellen Geschmack.

Für 6 Personen:

2 EL Olivenöl extra vergine
1 Zwiebel
125 g Pancetta oder geräucherter Bauchspeck
500 g Spaghetti
4 Eigelb
1/8 l Sahne
125 g geriebener Parmigiano
Salz, Pfeffer aus der Mühle
3 EL glatte Petersilie

In einer Pfanne die feingewürfelte Zwiebel im Öl glasig schmoren (ca. 3 Minuten). Die in feine, kurze Streifen geschnittene Pancetta zugeben und goldbraun braten. Vom Herd nehmen und etwas abkühlen lassen.

Die Spaghetti in viel Salzwasser al dente kochen. In einer großen vorgewärmten Schüssel das Eigelb mit der Sahne verschlagen, Parmigiano unterziehen. Die abgekühlte Zwiebelmischung zugeben, salzen (wenn nötig) und pfeffern.

Die Spaghetti abgießen und sofort mit der Eiermasse gut vermengen. In eine vorgewärmte Servierschüssel geben, mit feingehackter Petersilie bestreuen und auftragen.

Penne mit geschmorten roten Beten

Backen macht Gemüse süßer, besonders das Aroma von roten Beten gewinnt dadurch. Die roten Bete sind außerdem optisch sehr reizvoll: mit den Nudeln gemischt ergibt sich ein attraktives helles Purpurrot.

Für 4 bis 6 Personen:

2–3 große rote Bete mit Blättern
4 EL Olivenöl extra vergine
Salz, Pfeffer aus der Mühle
500 g Penne
1 mittelgroße Zwiebel
100 g geraffelter Parmigiano

Backofen auf 200 Grad vorheizen. Die Blätter der Rüben entfernen, waschen, abtropfen lassen und in feine Streifen schneiden, die harten Stiele wegwerfen. Die Rüben gut waschen, von Stiel- und Wurzelansatz befreien und vierteln. In kochendem Wasser 15 Minuten weich garen. Abgießen (Wasser aufbewahren) und Haut abziehen. Die Bete in eine flache, leicht geölte Kasserolle geben und 2 EL Öl darüber geben, salzen und pfeffern. Im Ofen 20 Minuten backen, bis sie leicht braun werden.

Die Nudeln in Salzwasser al dente kochen.

In der Zwischenzeit die feingeschnittene Zwiebel mit dem restlichen Öl in einem flachen Topf goldgelb braten (3 bis 4 Minuten). $1/4$ l Bete-Kochwasser zugießen und zum Kochen bringen; auf die Hälfte einkochen lassen. Die feingeschnittenen Bete-Blätter zugeben und kurz kochen, bis sie zusammenfallen.

Die gebackenen roten Bete, die Blätter und die Nudeln in einer großen Schüssel vermengen, mit Parmigiano Reggiano bestreuen und sofort servieren.

FUSILLI MIT NEUEN KARTOFFELN, GETROCKNETEN TOMATEN UND WEISSEN BOHNEN

Ich nehme meinen kleinen Toastgrill, um die Kartoffeln zu rösten, während im großen Backofen die Tomaten trocknen.

Für 6 bis 8 Personen:

200 g weiße Bohnenkerne (Cannellini)
1 EL frischer Rosmarin, gehackt
1 Zweig Rosmarin
8 EL Olivenöl extra vergine
1 Zwiebel und 1 Karotte

1 Selleriestange
1,2 l Hühnerfond (s. S. 105)
6 Fleisch- oder Flaschentomaten
Meersalz
500 g neue Kartoffeln
250 g Fusilli
60 g Parmigiano in kleinen Bröckchen

Die Bohnen mit dem gehackten Rosmarin über Nacht einweichen. Backofen auf 125 Grad vorheizen.

Zwiebel, Sellerie und Karotte schälen und in feine Würfel schneiden. In einem großen, flachen Topf 3 EL Öl erhitzen und das Gemüse bräunen (6 bis 8 Minuten).

Die Hühnerbrühe und die abgetropften Bohnen zufügen. Zum Kochen bringen, den Rosmarinzweig beigeben und ohne Deckel ca. 2 Stunden köcheln lassen, bis die Bohnen weich sind, aber nicht zerfallen.

Inzwischen die Tomaten längs vierteln und mit den Schnittflächen nach oben auf ein Backblech legen. Mit Meersalz bestreuen und im warmen Ofen ca. 2 Stunden trocknen. Aus dem Ofen nehmen, Hitze auf 200 Grad stellen. Die Kartoffeln unter laufendem Wasser abschrubben und in 2 cm dicke Scheiben schneiden, das restliche Öl darüber geben und kräftig salzen. In einer Grillpfanne 40 bis 45 Minuten backen, ab und zu wenden. Die Kartoffeln sollen weich und an den Rändern goldbraun sein.

Wenn diese Zutaten gar sind, die Nudeln in viel Salzwasser al dente kochen. Gut abtropfen lassen und in eine große Schüssel geben, ebenso die Bohnen mitsamt ihrer Kochflüssigkeit und die Kartoffeln. Zuletzt die Tomaten darauf plazieren und mit Parmigiano bestreuen. Sofort servieren.

PENNE MIT KARAMELISIERTEN ZWIEBELN, ZITRONENSCHALE UND KAPERN

Für dieses Gericht, das besonders gut zu gegrillten Meeresfrüchten und Huhn paßt, eignen sich alle kurzen, dicken Röhrennudeln wie Rigatoni, Maniche oder Trenne.

Für 4 Personen:

4 EL Olivenöl extra vergine
2 große Zwiebeln
2 TL Zitronenschale
2 Knoblauchzehen
Saft von 1 Zitrone
$^1/_4$ l Hühnerbrühe (s. S. 105)
500 g Penne
2 EL Kapern
4 EL glatte Petersilie
Salz, Pfeffer aus der Mühle
30 g geriebener Parmigiano

Öl in einer großen Pfanne erhitzen, die feingeschnittenen Zwiebel darin goldgelb braten (6 bis 8 Minuten). Zitronenschale und Knoblauch sehr fein hacken und zugeben; weitere 2 bis 3 Minuten braten. Mit Zitronensaft ablöschen, Bratsatz gut loskochen. Hühnerbrühe zugeben, Hitze reduzieren und 10 Minuten offen köcheln lassen, bis die Flüssigkeit etwas eingekocht ist.

Inzwischen die Nudeln in viel Salzwasser al dente kochen. Abgießen und mit der Zwiebelmischung vermengen. Kapern und Petersilie zugeben, salzen und pfeffern. Mit Käse bestreuen und sofort servieren.

BASILIKUMGNOCCHI MIT PESTO

Pürieren Sie Kartoffeln nie im Mixer, sie werden sonst seifig. Mit einem Stampfer
oder einer Kartoffelpresse geht's am besten.

Für 6 Personen:

750 g mehlige Kartoffeln
250 g Mehl
1 TL Salz
1 Bund Basilikum
2 Eier
1/8 l Pesto (s. S. 106)
4–5 EL Olivenöl extra vergine
60 g geriebener Parmigiano

Kartoffeln schälen, in große Stücke schneiden und in Salzwasser weich kochen (ca. 20 Minuten). Abgießen, abdampfen lassen und passieren oder stampfen.

Basilikumblätter mit Salz im Mixer pürieren. Das Mehl in einer großen Schüssel mit dem Kartoffelpüree, den verquirlten Eiern und dem Basilikum vermengen und nur so lange kneten, bis der Teig glatt ist. In 4 Teile trennen und auf bemehlter Arbeitsfläche eine Rolle mit 1,5 cm Durchmesser formen. 2,5 cm lange Stücke abschneiden, mit Mehl bestäuben und gegen die Zinken einer Gabel drücken, gleichzeitig mit dem Finger auf der anderen Seite etwas eindrücken. Bis zum Kochen auf einer bemehlten Fläche aufbewahren.

Die Gnocchi in Salzwasser 3 bis 5 Minuten kochen. Abgießen und mit dem Pesto vermengen, wenn nötig noch etwas Olivenöl zugeben. Mit Parmigiano bestreuen und sofort servieren.

Spinat-Ricotta-Ravioli mit brauner Butter und Salbei

Dieses klassische norditalienische Gericht ist leicht herzustellen. Wenn Sie keine Zeit für den Pastateig haben, probieren Sie es mit fertig gekauften Wan-tan-Blättern.

500 g frischer Spinat
250 g Ricotta
60 g geriebener Parmigiano
1 Ei
1 Msp Muskatnuß
Salz, Pfeffer aus der Mühle
500 g Nudelteig (s. S. 104)
20 Salbeiblätter
125 g Butter
2 EL Olivenöl extra vergine
30 g geraffelter Parmigiano

Den Spinat entstielen, gut waschen und abtropfen lassen. Ohne oder nur mit wenig Wasser dämpfen, bis er zusammenfällt. Etwas abkühlen lassen und soviel Flüssigkeit herausdrücken wie möglich. Sehr fein hacken.

Spinat mit Ricotta, geriebenem Parmigiano, Eigelb, Muskatnuß, Salz und Pfeffer gut vermengen.

Nudelteig dünn ausrollen und in 8 cm große Quadrate schneiden. Auf jedes 1 TL der Füllung setzen, die Ränder mit verquirltem Eiweiß bestreichen und zu Dreiecken falten, den Rand der Teigtaschen gut zusammendrücken. Die Ravioli in viel Salzwasser 2 bis 3 Minuten al dente kochen. Abgießen und in eine vorgewärmte Schüssel geben. 8 Salbeiblätter zur Garnitur beiseite legen, den Rest sehr fein schneiden. In einer Pfanne die Butter aufschäumen lassen, Salbei und 2 EL Olivenöl zugeben und auf mittlerer Hitze bräunen lassen – sie darf dabei nicht schwarz werden! Über die Ravioli geben, mit Parmigiano bestreuen und alles vorsichtig vermengen. Mit ganzen Salbeiblättern garnieren und sofort auftragen.

RISOTTO MIT SPARGEL UND WEISSER TRÜFFEL

Spargel und weiße Trüffel ergeben einen eleganten Risotto, sind aber nicht immer zu haben. Hervorragend machen sich auch grüner Spargel oder Brokkoli, und Trüffelöl ist mehr als nur ein Ersatz für die edle Knolle.

Für 6 Personen:

750 g weißer Spargel
1,8–2 l Hühnerbrühe (s. S. 105)
4 EL Olivenöl extra vergine
1 Zwiebel
300 g Risotto-Reis (Arborio, Carnaroli)

4 EL trockener Weißwein
1 TL Zitronenschale
60 g geriebener Parmigiano
2 EL Butter
Salz, Pfeffer aus der Mühle
15 g weiße Trüffel oder 1 EL Trüffelöl (nach Belieben)

Spargel schälen, die Spitzen nach 5 cm abschneiden und in kochendem Salzwasser 1 Minute blanchieren. Stangen aufbewahren. Abgießen und sofort in eiskaltes Wasser geben. Abtropfen lassen. Dann die unteren Spargelabschnitte in Hühnerbrühe sehr weich kochen, in einem Mixer mit $^1/_8$ l Brühe pürieren. Durch ein feines Sieb in die Brühe zurückpassieren, so daß harte Fasern zurückbleiben. Auf kleiner Flamme warm halten.

Die feingeschnittene Zwiebel im Öl weich schmoren (ca. 3 Minuten), nicht bräunen lassen. Reis ungewaschen zugeben und 3 bis 4 Minuten unter ständigem Rühren anbraten. Weißwein und sehr fein geschnittene Zitronenschale zufügen und bei mittlerer Hitze so lange kochen, bis der Wein aufgenommen ist.

Von Zeit zu Zeit Spargelbrühe zugeben, damit der Risotto flüssig genug bleibt, und immer rühren. Bis der Reis al dente ist, dauert es ca. 20 Minuten.

Die Butter und den Parmigiano unterrühren, salzen und pfeffern. Wenn Sie Trüffelöl verwenden, geben Sie es jetzt zu. Die Spargelspitzen vorsichtig unterheben.

Beim Servieren weiße Trüffel über den Risotto hobeln. Mit zusätzlichem geriebenem Parmigiano servieren.

**Ein Käse für alle
Jahreszeiten**

*Der Herbst ist in Italien
eine besondere
Jahreszeit. Man erntet
Trauben und Oliven,
und in den Wäldern
wachsen aromatische
Pilze, die gesammelt
werden wollen. In den
kühlen Abendstunden
versöhnen die
kulinarischen Genüsse
mit dem Ende des
Sommers: Fleisch, das
über knisterndem Feuer
gegrillt wird, pfeffrig-
scharfes junges Olivenöl,
das auf geröstetes Brot
geträufelt wird, und ein
Glas Amarone, von dem
man zwischendurch
einen Schluck nimmt,
während man an einem
Stück Parmigiano
knabbert.*

LASAGNE MIT WALDPILZEN

Mit selbstgemachten Nudeln schmeckt diese Lasagne wirklich göttlich.

Für 8 Personen:

500 g Nudelteig (s. S. 104)
80 g Butter
6 EL Mehl
3/4 l Milch
1 Lorbeerblatt, Salz, weißer Pfeffer aus der
Mühle, frisch geriebene Muskatnuß
15 g getrocknete Steinpilze

1/4 l Kalbs- oder Hühnerbrühe (s. S. 105)
500 g weiße Champignons
500 g gemischte Waldpilze
4 EL Olivenöl extra vergine
4 Knoblauchzehen
2 gelbe Paprikaschoten, enthäutet (s. S. 106)
4 EL glatte Petersilie
2 TL frischer Thymian
125 g geriebener Parmigiano

Backofen auf 180 Grad vorheizen. Eine Auflaufform leicht ölen oder ausbuttern.

Den Pastateig dünn ausrollen und in die passende Form schneiden. Die Nudeln 3 Minuten al dente kochen. Abgießen und bis zur Weiterverwendung in kaltem Wasser aufbewahren.

Die getrockneten Steinpilze 20 Minuten in einer Tasse warmer Hühnerbrühe einweichen. Milch mit Lorbeerblatt erhitzen. Butter in einem flachen Topf schmelzen lassen; Mehl zugeben und bei mittlerer Hitze 3 Minuten durchschwitzen. Nach und nach die heiße Milch zugeben, dabei kräftig rühren. Lorbeerblatt entfernen, würzen und 10 Minuten köcheln lassen. Die Steinpilze abgießen (Flüssigkeit auffangen), fein schneiden und zur Sauce geben.

Die frischen Pilze putzen und blättrig schneiden, Öl in einem großen, flachen Topf erhitzen und den ganz fein gehackten Knoblauch bei Mittelhitze 2 Minuten schmoren. Die Pilze zugeben und 5 Minuten dünsten. Die in feine Streifen geschnittenen Paprika, die gehackten Kräuter und die Einweichflüssigkeit zugeben, gut vermischen und weitere 5 Minuten schmoren, bis die Flüssigkeit etwas eingekocht ist. Nach Geschmack würzen.

Die Auflaufform mit Béchamelsauce dünn ausstreichen und nun abwechselnd Lasagne, weiße Sauce und Pilzmasse darauf geben, mit Béchamelsauce schließen und mit Parmigiano bestreuen.

45 Minuten goldbraun backen.

*Haupt-
gerichte*

MELANZANE ALLE PARMIGIANA

Dieser Auberginenauflauf ist ein traditionelles Gericht der Campania, das im Original auch noch in Scheiben geschnittene harte Eier enthält. Außerhalb der Tomatensaison nimmt man geschälte Tomaten in Dosen. Man läßt die Tomaten abtropfen, hackt sie und hebt den Saft auf, um ihn später weiterzuverwenden. Wenn Sie getrocknete Kräuter verwenden, nehmen Sie ein Drittel der angegebenen Menge.

Für 4 Personen:

1 große Aubergine
4 EL Olivenöl extra vergine
2 Knoblauchzehen
6 große, reife Tomaten, enthäutet und gewürfelt
(s. S. 106)
4 EL frisches Basilikum
1 EL glatte Petersilie
1 TL frische Minze
Salz, Pfeffer aus der Mühle
100 g geriebener Parmigiano

Die Aubergine schälen, in 1 cm dicke Scheiben schneiden und diese auf beiden Seiten salzen. Auf einem Drahtgitter 30 Minuten Wasser ziehen lassen.

Anschließend Auberginenscheiben trockentupfen und mit Olivenöl bepinseln. Auf beiden Seiten grillen, bis sie leicht braun sind. Backofen auf 180 Grad vorheizen, Auflaufform (ca. 20 x 20 cm) leicht ölen. In einem flachen Topf 2 EL Öl erhitzen und den feingehackten Knoblauch bei mittlerer Hitze 2 Minuten darin schmoren. Tomatenfleisch und gehackte Kräuter zugeben und bei schwacher Hitze 10 bis 15 Minuten köcheln lassen, damit die Sauce etwas eindickt. Mit Salz und Pfeffer würzen.

Etwas Tomatensauce in die Auflaufform geben, dann eine Schicht Auberginen, wieder Sauce und etwas Parmigiano. Wiederholen und mit viel Parmigiano abschließen. Eine halbe Stunde backen, bis der Käse gebräunt ist und der Auflauf brodelnd kocht.

GEGRILLTER THUNFISCH MIT BOHNENPÜREE UND PARMIGIANO

Manchmal lasse ich die Bohnen auch ganz.
Übriggebliebenes Bohnenpüree schmeckt auf Crostini oder als Raviolifüllung vorzüglich.

Für 4 Personen:

200 g weiße Bohnenkerne (Cannellini)
1 Knoblauchzehe
1 Rosmarinzweig
3 EL Olivenöl extra vergine
1 Zwiebel
1 Karotte
1 Selleriestange
1 l Hühnerfond (s. S. 105)
1 Bund glatte Petersilie
Salz, weißer Pfeffer aus der Mühle
4 Thunfischsteaks (ca. 750 g)
100 g geriebener Parmigiano

Die Bohnenkerne über Nacht mit Knoblauchzehe und Rosmarinzweig in Wasser einweichen.
Zwiebel, Karotte und Sellerie fein hacken. In
einem großen Topf in Öl goldbraun braten.
Hühnerbrühe, abgegossene Bohnen und Rosmarin zugeben, aufkochen lassen und bei geringer Hitze ohne Deckel etwa 2 Stunden köcheln,
bis die Bohnen sehr weich sind. Bohnen abgießen, Kochflüssigkeit auffangen. Die Bohnen
nun mit 4 EL der Kochflüssigkeit im Mixer pürieren. 1 EL feingehackte Petersilie zufügen, salzen
und pfeffern. In den Topf zurückgeben und auf
schwacher Hitze warm halten; wenn das Püree
zu fest ist, etwas Kochflüssigkeit zugeben.

Die Thunfischsteaks mit Olivenöl einpinseln, salzen und pfeffern; auf jeder Seite 4 bis 5
Minuten grillen, bis sie außen leicht gebräunt, innen aber noch fast roh sind.

Den Käse unter das Bohnenpüree mischen;
wenn nötig, etwas Kochflüssigkeit zugeben.
Bohnenpüree auf 4 vorgewärmte Teller verteilen
und den gegrillten Thunfisch darauf plazieren.
Mit Petersilienzweigen garnieren.

Etwas Statistik

*Im Jahr 1996 waren
650 Parmigiano-
Erzeuger registriert. Sie
hatten rund 10 000
Molkereien unter
Vertrag, die knapp drei
Millionen Laibe
Parmigiano
produzierten. Nur
7 Prozent davon
wurden exportiert.
100 Gramm
Parmigiano Reggiano
enthalten 35 g Eiweiß,
25 g Fett sowie 1,2 g
Calcium und haben
knapp 400 Kalorien.*

ZITRONEN-KNOBLAUCH-SCAMPI MIT PARMIGIANO-SAHNESAUCE

Meeresfrüchte werden in Italien üblicherweise nicht mit Parmigiano kombiniert. Doch diese leichte Sauce paßt hervorragend zu den Shrimps, ebenso zu Nudeln und Fleischgerichten.

Für 4 Personen:

16 Garnelen
4 EL Olivenöl extra vergine
4 EL Zitronensaft
1 TL Zitronenschale
3 Knoblauchzehen
Salz, Pfeffer aus der Mühle
500 g feine grüne Bohnen

Parmigiano-Sahnesauce
1/2 l trockener Weißwein
2 Schalotten
1/2 l Hühnerbrühe (s. S. 105)
1/4 l Sahne
100 g geriebener Parmigiano
Salz, Pfeffer aus der Mühle

Die Garnelen schälen, dunklen Darm entfernen, in einen tiefen Teller geben.

Zitronenschale und Knoblauch sehr fein mit Olivenöl und Zitronensaft gut verrühren und über die Garnelen gießen. Im Kühlschrank mindestens 1 Stunde, besser über Nacht ziehen lassen.

Die Bohnen putzen, waschen und in gut gesalzenem Wasser knapp gar kochen (10 bis 15 Minuten). Abschrecken und abtropfen lassen.

In einer Pfanne mit hohem Rand 2 EL Marinade erhitzen, die abgetropften Garnelen 4 bis 5 Minuten braten, bis sie rosa sind. Salzen und pfeffern. Die Bohnen zufügen und unter Rütteln heiß werden lassen. In eine vorgewärmte Schüssel geben und mit der Parmigiano-Sauce servieren.

Sauce: Schalotten fein hacken, mit dem Wein in einen großen Topf geben und so lange kochen, bis die Flüssigkeit bis auf wenige Eßlöffel eingedampft ist. Die Hühnerbrühe zufügen und auf die Hälfte einkochen. Nun die Sahne zugießen und aufkochen lassen. Parmigiano einrühren und mit Salz und Pfeffer würzen.

Parmigiano-Scaloppine

Eine Variante des klassischen Mailänder Koteletts – eine einfache, aber herrliche Kombination von Aromen. Gedünsteter Spinat ist als Beigabe besonders zu empfehlen.

Für 4 Personen:

4 Kalbsschnitzel (ca. 600 g)
125 g Mehl
$^1/_2$ TL Knoblauchsalz
$^1/_4$ TL frisch gemahlener Pfeffer
2 Eier
60 g feingeriebener Parmigiano
3 EL Butter
4 Scheiben Parmaschinken
30 g grobgeraffelter Parmigiano
4 Zweige glatte Petersilie
2 Zitronen

Ein Backblech leicht einölen. Die Schnitzel zwischen Butterbrotpapier geben und mit dem Nudelholz gleichmäßig auf 4 mm Dicke auswalzen, halbieren.

Das Mehl mit Knoblauchsalz und Pfeffer mischen und auf einem großen Teller bereitstellen. Die Eier in einem tiefen Teller verquirlen. Die Schnitzel zuerst durch die Eier ziehen, dann im feingeriebenen Parmigiano wenden, noch einmal in die Eimasse tauchen und zuletzt mit der Mehlmischung überziehen.

Butter in einer großen Pfanne aufschäumen lassen und die Schnitzel bei mäßiger Hitze auf jeder Seite 1 Minute braten, bis sie leicht gebräunt sind. Auf das Backblech legen. Den Schinken in 2 bis 3 cm breite Streifen schneiden und auf 4 Schnitzel verteilen, ebenso die Hälfte des geraffelten Parmigiano. Die anderen Schnitzel darauflegen. Mit dem restlichen Käse bestreuen und unter dem Grill 3 bis 4 Minuten backen, bis die Oberfläche gebräunt und die Käsefüllung geschmolzen ist.

Mit feingeschnittener Petersilie bestreuen und mit Zitronenspalten servieren.

Gefüllte Schweinelende mit Kartoffeln, Fenchel und Knoblauch

Die Aromen des Herbsts sind hier vereint. Die Apfel-Aprikosen-Mischung eignet sich auch hervorragend als Füllung für Geflügel.

Für 6 Personen:

1 Schweinelende (ca. 1 kg)
Salz, Pfeffer aus der Mühle
1 Granny Smith
6 gedörrte Aprikosen
60 g geriebener Parmigiano

3 Salbeiblätter
60 g Butter
3 Fenchelknollen
1 kg festkochende Kartoffeln
10 Knoblauchzehen
2 EL Olivenöl

Backofen auf 200 Grad vorheizen. Eine Bratreine leicht ölen. Die Lende der Länge nach tief ein-, aber nicht durchschneiden, so daß sie aufgeklappt werden kann. Jede Seite mit dem Fleischklopfer auf eine Dicke von ca. 3 cm reduzieren, salzen und pfeffern.

Den Apfel schälen, Kernhaus entfernen, würfeln; die Aprikosen hacken. Mit dem Parmigiano und dem feingeschnittenen Salbei vermischen. Das Filet damit füllen, zuklappen und mit Küchenzwirn in Abständen von 5 cm zusammenbinden. Außenseite salzen und pfeffern.

Die Butter in einer großen Pfanne auf-

schäumen lassen und das Filet rundherum anbräunen. In die vorbereitete Bratreine legen. Den Fenchel in dünne Scheiben schneiden (Fenchelgrün aufbewahren), die Kartoffeln schälen und vierteln; mit den geschälten Knoblauchzehen zum Fleisch geben und mit Olivenöl beträufeln. 35 bis 45 Minuten im Ofen braten (ein Fleischthermometer sollte in der Mitte des Filets 70 Grad anzeigen).

Das Filet vom Zwirn befreien und in sechs Stücke schneiden. Mit dem gebackenen Gemüse auf einer vorgewärmten Platte anrichten, mit Fenchelgrün garnieren und servieren.

ZITRONENHUHN MIT PARMIGIANO-KRUSTE

Ein simples, aber delikates Hühnergericht, zu dem sehr gut Fettuccine mit der Parmigiano-Sahnesauce von S. 77 passen. Man kann statt Zitrone auch Orange nehmen. Die Zugabe von etwas Zitronenschale macht die Sauce noch aromatischer.

Für 4 Personen:

8 Hühnerbrüste
Saft von 1 Zitrone
60 g Krumen von frischem Toastbrot
60 g geriebener Parmigiano
75 g geröstete Walnüsse (s. S. 106)
2 TL Zitronenschale
1 EL glatte Petersilie
1 TL frischer Thymian
½ TL frischer Rosmarin
½ TL frischer Majoran
1 TL Meersalz
½ TL weißer Pfeffer aus der Mühle
2 große Eier
1 EL Milch
Mehl

Den Backofen auf 190 Grad vorheizen. Eine Auflaufform (ca. 22 x 32 cm) mit Öl oder Butter auspinseln.

Die Hühnerbrüste in einen tiefen Teller geben und auf beiden Seiten mit Zitronensaft marinieren.

Die Brotkrumen auf einem Backblech verteilen und im Ofen 5 bis 7 Minuten goldbraun toasten. Abkühlen lassen.

Parmigiano, grobgehackte Walnüsse, feingehackte Zitronenschale und Kräuter, Salz und Pfeffer gut mit den Brotkrumen vermengen.

Jede Hühnerbrust in geschlagenem Ei, dann in Mehl, wieder in Ei und schließlich in den aromatisierten Brotkrumen wenden, diese gut andrücken. Nebeneinander in die Form legen und 30 bis 35 Minuten im Ofen backen. Bei Einstechen mit einem spitzen Messer sollte klarer Saft austreten. Sofort servieren.

Täubchen mit gebratener Birne und Knoblauch

Statt junger Täubchen kann man auch Stubenküken oder Wachteln verwenden.
Stubenküken brauchen etwa 35 bis 45 Minuten, Wachteln etwa 15 Minuten.

Für 4 Personen:

8 junge Täubchen
Salz, Pfeffer aus der Mühle
4 reife Birnen
125 g geraffelter Parmigiano
2 Knoblauchzehen
1 TL frischer Salbei
1 EL glatte Petersilie
1 TL frischer Thymian
2 EL Butter
4 EL Olivenöl
4 EL trockener Weißwein
$^1/_2$ l Hühnerbrühe (s. S. 105)

Backofen auf 190 Grad vorheizen. Die Täubchen abspülen und trockentupfen. Außen und innen salzen und pfeffern. 2 Birnen schälen, würfeln und mit Parmigiano, gehacktem Knoblauch, den feingehackten Kräutern und Butter vermischen. Die Vögel damit füllen und die Öffnung mit Zahnstochern verschließen.

Öl in einem Bräter erhitzen und die Täubchen auf allen Seiten bräunen. Herausnehmen und den Bratensatz mit Wein loskochen. Die Hühnerbrühe zugeben und 10 Minuten kochen; die Flüssigkeit soll dabei um etwa ein Drittel reduziert werden. Die Täubchen wieder in den Bräter legen.

Die anderen Birnen schälen und halbieren, zu den Täubchen legen. Im Ofen 25 bis 30 Minuten braten. Beim Einstechen mit einem scharfen Messer sollte klarer Saft austreten. Die Täubchen auf eine Servierplatte legen, die Bratflüssigkeit durch ein Sieb passieren und zum Fleisch reichen.

85

Eine klassische Kombination

Ein italienisches Sprichwort des 19. Jahrhunderts lautete: »Al contadino non far sapere quanto è buono il formaggio con le pere« *– »Laß den Bauern nicht wissen, wie gut der Käse mit Birnen schmeckt.« Eine klassische Kombination, der man kaum widerstehen kann, besonders wenn man beides in Scheiben schneidet und mit einem weiteren berühmten Produkt der Emilia Romagna beträufelt: Aceto balsamico.*

Gebäck

Kartoffel-Focaccia mit roten Zwiebeln und Parmigiano Reggiano

Der Teig wird mit pürierten Kartoffeln gemacht, auf die Focaccia kommen Kartoffelschalen.

Für 6–8 Personen:

3 große mehlige Kartoffeln
1 Päckchen Trockenhefe
0,3 l Kartoffel-Kochwasser
2 TL Zucker
500–600 g Mehl

1 TL Salz
etwas Olivenöl extra vergine
1 rote Zwiebel
100 g geraffelter Parmigiano
1 TL grobes Meersalz
2 EL frischer Salbei

2 Kartoffeln schälen, in grobe Stücke teilen und in gesalzenem Wasser in ca. 20 Minuten weich kochen. Abgießen (das Kochwasser auffangen), abdampfen lassen und stampfen oder passieren.

Die Hefe mit Zucker und $1/8$ l handwarmem Kochwasser anrühren und 10 Minuten stehenlassen, bis die Mischung Blasen wirft. Das Mehl mit Kartoffelpüree und Salz mischen, den Hefeansatz sowie 0,2 l Kochwasser zugeben und zu einem weichen Teig vermischen (mit der Küchenmaschine geht das in 2 bis 3 Minuten). Auf einer bemehlten Arbeitsfläche nur so lange kneten, bis er glatt ist und nicht mehr klebt (3 bis 4 Minuten). In eine leicht geölte Schüssel geben und zugedeckt an einem warmen Ort auf doppeltes Volumen aufgehen lassen (ca. 1 Stunde).

Ein Backblech ölen. Den Teig dünn auf die Größe des Blechs ausrollen, aufs Blech geben und noch eine halbe Stunde gehen lassen. Den Backofen auf 220 Grad vorheizen.

Die übrige Kartoffel kräftig säubern und in 5 mm dicke Scheiben schneiden. In kochendem Salzwasser 2 bis 3 Minuten blanchieren; die Scheiben sollen gar sein, aber nicht zerfallen. Die Oberfläche der Focaccia mit Öl einpinseln und mit den Fingerspitzen eindrücken, so daß sie mit kleinen Vertiefungen übersät ist. Die in feine Scheiben geschnittene Zwiebel, die Kartoffelscheiben und den Parmigiano darauf verteilen. Mit Meersalz bestreuen. 25 bis 30 Minuten backen, bis die Ränder goldbraun sind. Mit feingeschnittenem Salbei bestreuen und heiß servieren.

MUFFINS MIT PARMIGIANO, MAIS UND ROTEM PAPRIKA

Pikante Muffins mit süßem Mais und rotem Paprika sind eine ungewöhnliche Begleitung zu Salaten und Suppen und eine Bereicherung jedes kalten Büfetts.

Für 12 Muffins:

50 g Mehl
60 g geriebener Parmigiano
50 g Maismehl
2 TL Backpulver
$1/2$ TL Natron
$1/2$ TL Salz
1 EL Zucker
2 Frühlingszwiebeln
1 rote Paprika, enthäutet (s. S. 106)
1 kleine Dose Maiskörner
0,2 l saure Sahne
6 EL Distelöl
2 Eier
3 EL geraffelter Parmigiano

Backofen auf 190 Grad vorheizen.

Form für 12 Muffins mit Öl auspinseln.

Das Mehl, den geriebenen Parmigiano, Maismehl, Backpulver, Natron, Salz und Zucker mischen. In einer zweiten Schüssel saure Sahne, Öl und Eier verrühren. Die Frühlingszwiebeln mit 5 cm vom Grün klein schneiden, die Paprikaschote fein würfeln, mit dem Mais zur flüssigen Mischung geben. Die trockenen Zutaten unterheben, dabei nur soviel rühren wie unbedingt nötig.

Den Teig in die Muffinformen geben; sie sollen zu $2/3$ gefüllt sein. Mit dem geraffelten Parmigiano bestreuen und 18 bis 20 Minuten goldbraun backen. Aus den Formen nehmen und auf einem Drahtgitter auskühlen lassen.

Das Aroma des Parmigiano Reggiano

Jeffrey Steingarten, der Food-Kolumnist der Vogue, schrieb über den Parmigiano Reggiano: »Der erste Geschmack sollte leicht milchartig-säuerlich sein, wie der von Butter oder Milch. Er kann auch an Gemüse oder Früchte erinnern, insbesondere an Ananas, nicht aber an Nüsse. Parmigiano sollte auch nicht bitter sein oder nach Schwefel oder Ammoniak riechen, was Zeichen zu hohen Alters wären.«

PARMIGIANO-BISKUITS

*Eine pikante Version der süßen italienischen
Biscotti, exzellent zu Salaten und Suppen.*

Für 24 Biskuits:

4 große Eier
50 g getrocknete Tomaten (in Öl eingelegt)
375 g Mehl
120 g geriebener Parmigiano
1 TL Backpulver
$^1/_2$ TL Natron
1 TL Salz

Backofen auf 175 Grad vorheizen. Ein Backblech
mit Pergamentpapier auslegen.

Die Eier mit dem Handquirl so lange schlagen, bis sie eine helle Farbe annehmen. Die
gehackten Tomaten zugeben, dann Mehl, Parmigiano, Backpulver, Natron und Salz unter-
mischen.

Den festen Teig zu einer Rolle mit ca. 8 cm
Durchmesser formen und auf das vorbereitete
Backblech geben, 30 Minuten backen. Aus dem
Ofen nehmen und abkühlen lassen; die Ofen-
temperatur auf 135 Grad reduzieren.

Die Rolle schräg in 1,5 cm dicke Scheiben
schneiden. Das Backblech mit frischem Papier
auslegen und die Scheiben noch einmal 20 Minuten backen, bis sie leicht gebräunt sind.

PARMIGIANO-ZÖPFE

*Wer's besonders scharf liebt,
bestreut den Blätterteig mit Cayennepfeffer.*

Für 6 Stangen:

1 Packung (300 g) Blätterteig,
tiefgekühlt
100 g geriebener Parmigiano
1 EL frisch gemahlener Pfeffer
1 TL getrockneter Oregano
$^1/_2$ TL Salz
1 Ei

Ein Backblech mit Pergamentpapier auslegen.
Die Blätterteig-Scheiben nebeneinander auf
eine leicht bemehlte Arbeitsfläche legen und etwas ausrollen. Mit einem scharfen Messer der
Länge nach in 18 ca. 2 cm breite Streifen schneiden. Jeden Streifen längs einmal zusammenfal-
ten und zu einer Stange rollen.

Die Gewürze auf einem flachen Teller mit
dem Käse vermischen, das Ei auf einem anderen
Teller leicht verquirlen. Jede Teigstange durch
das Ei ziehen und in der Käsemischung wälzen.

Jeweils 3 Stangen zu einem Zopf flechten,
die Enden gut zusammendrücken. 20 bis 30 Minuten kühl stellen. Den Backofen auf 220 Grad
vorheizen. Die Zöpfe auf das Backblech legen
und in 8 bis 10 Minuten goldbraun backen.

CALZONE AI TRE FORMAGGI

Wenn man keinen Pizzastein besitzt, bäckt man eine Pizza auf einem mit Pergamentpapier ausgelegten und mit Maismehl bestreuten Blech.

Für 8 Stück:

1 Päckchen Trockenhefe
2 EL Zucker
600 g Mehl
1 TL Salz

4 EL Olivenöl extra vergine
0,3 l warmes Wasser
100 g Mozzarella
100 g geriebener Parmigiano
75 g Gorgonzola

Die Hefe mit dem Zucker und einer Tasse warmem Wasser anrühren und 5 Minuten stehenlassen, bis sich Blasen zeigen. Mehl und Salz auf eine Arbeitsfläche geben, in eine Vertiefung die Hefe, 3 EL Öl sowie den Rest des warmen Wassers geben und alles zu einem glatten, nicht mehr klebrigen Teig kneten (ca. 8 bis 10 Minuten). In eine leicht geölte Schüssel geben und an einem warmen Platz 30 Minuten gehen lassen. Den Teig zusammen schlagen, in 8 Stücke teilen und diese zu Kugeln formen; noch einmal 45 Minuten gehen lassen. Den Backofen auf 230 Grad vorheizen.

Mozzarella und Gorgonzola zerbröseln und mit dem Parmigiano vermischen. Die Teigkugeln zu Fladen mit 15 cm Durchmesser ausrollen, mit Olivenöl bepinseln und die Käsemischung daraufgeben. Zusammenklappen – die Ränder gut aufeinanderdrücken – und mit Öl bepinseln.

In 10 Minuten goldbraun backen.

Mit der Küchenmaschine: Mit dem Knethaken Mehl, Salz und 3 EL Öl 20 Sekunden lang mischen. Bei laufender Maschine den Hefeansatz und das restliche Wasser langsam zugeben und kneten, bis sich der Teig von den Schüsselwänden löst. Dann noch 1 Minute kneten. Den Teig auf eine bemehlte Arbeitsfläche geben und zu einer Kugel rollen; gehen lassen.

PIZZA ALLA ROLANDO

*Von meinem Freund Rolando Beramendi stammt die interessante
Kombination von Prosciutto und Rauke. Im Sommer kommen noch frische Tomaten dazu.*

Für 6 Personen:

1 Päckchen Trockenhefe
1 ½ EL Zucker
0,4 l warmes Wasser
525 g Mehl
80 g Hartweizengrieß
1 TL Salz

4 EL Olivenöl extra vergine
200 g Mozzarella
70 g geraffelter Parmigiano
12 Scheiben Parmaschinken
1 Bund Rauke (Rucola)

Die Hefe mit dem Zucker und einer Tasse warmem Wasser anrühren und 5 Minuten stehenlassen, bis sie Blasen wirft. Mehl, Grieß und Salz auf eine Arbeitsfläche geben, in eine Vertiefung die Hefe, 3 EL Öl sowie den Rest des warmen Wassers geben und alles zu einem glatten, nicht mehr klebrigen Teig kneten (ca. 8 bis 10 Minuten). In eine leicht geölte Schüssel geben und an einem warmen Platz 30 Minuten gehen lassen.

Den Teig einige Male kräftig durchkneten, in 6 Stücke teilen und diese zu Kugeln formen; noch einmal 45 Minuten gehen lassen.

Den Backofen auf 230 Grad vorheizen. Ein Backblech mit Pergamentpapier auslegen und mit etwas Maismehl bestreuen.

Die Teigkugeln zu Fladen mit 20 cm Durchmesser ausrollen und auf das Backblech legen. Mit Öl bepinseln, den in Stücke geschnittenen Mozzarella und den Parmigiano darüber streuen und 10 Minuten backen, bis die Ränder braun sind. Aus dem Ofen nehmen. Rucola waschen, Schinken und Rucola in breite Streifen schneiden und auf die Pizza geben. Sofort servieren.

Mit der Küchenmaschine: Mit dem Knethaken Mehl, Grieß, Salz und 3 EL Öl 20 Sekunden lang mischen. Bei laufender Maschine die Hefelösung und das restliche Wasser langsam zugeben und kneten, bis sich der Teig von der Schüssel löst. Dann noch 1 Minute kneten. Den Teig auf eine bemehlte Arbeitsfläche geben und zu einer Kugel rollen.

Desserts

ITALIENISCHE KÄSEPLATTE

*Käse und Früchte sind der krönende Abschluß eines italienischen Mahls.
Für eine Käseplatte benötigen Sie etwa vier verschiedene Käsesorten, wobei Sie milden und
pikanten, harten und weichen Käse kombinieren sollten. Pro Person rechnet man
circa 100 Gramm. Dazu gibt es Brot, einen Korb frischer Früchte und verschiedene Nüsse.*

Parmigiano Reggiano: Ein weiterer großer Augenblick für den Parmigiano Reggiano, von dem man ein großes Stück serviert, das von dem bekannten Messer begleitet wird. Jeder bricht sich damit ein Stück ab, das man mit Früchten und Nüssen genießt; meine Lieblingskombinationen sind Birne, Apfel, Feige, Melone und Trauben sowie geröstete Mandeln und Walnüsse.

Ricotta: Frischer Ricotta, besonders der aus Schafsmilch, wird Sie in Verzückung versetzen. Servieren Sie ihn mit etwas Kastanienhonig.

Pecorino: Diesen Schafskäse gibt es in vielen Versionen, von süß und halbfest bis hart, gereift und scharf. Toskanischer Pecorino ist milder, der »romano« salziger, pikanter und fester. Als Dessert eignen sich besonders die jungen Käse. Tragen Sie ein großes Stück auf, von dem man sich nach Wunsch bedient. Sehr gut mit Birnen, Pflaumen, Trauben, Kirschen sowie gerösteten Mandeln oder Walnüssen.

Gorgonzola: Servieren Sie ein großes Stück dieses lombardischen Kuhmilch-Edelpilzkäses, dazu frisches Weißbrot sowie geröstete Walnüsse, Birnen und Pfirsiche.

Asiago: Dieser halbfeste Kuhmilchkäse aus Venetien und Friaul hat im Inneren viele kleine Löcher. Servieren Sie ihn als keilförmiges Stück; dazu schmecken Äpfel gut.

Fontina: Der milde, cremige Kuhmilchkäse stammt aus dem Aosta-Tal. Zu seinem buttrigen, nussigen Charakter passen Beeren und Kirschen.

Robiola: Dieser Weichkäse aus dem Aosta-Tal und dem Piemont wird aus Kuh-, Schafs- und/oder Ziegenmilch hergestellt und schmeckt jung wie gereift gleichermaßen gut mit Landbrot und Feigen.

Taleggio: Ein Weichkäse mit kräftigem, vollem Aroma, der aus der Lombardei kommt und sich gut mit Birne und Apfel kombinieren läßt.

Karamelisierte Birnen mit Parmigiano Reggiano

Die klassische Kombination von Parmigiano Reggiano und Birnen ist ein würdiger Abschluß eines italienischen Mahls. Wenn es etwas einfacher sein soll, lassen Sie den Grand Marnier und die Orangenschale einfach weg.

Für 4 Personen:

2 reife, feste Birnen (Williams, Alexander)
120 g Zucker
2 EL Butter
4 EL Grand Marnier
1 TL Orangenschale
4 kleine Keile Parmigiano

Die Birnen schälen, entkernen und vierteln; in einer Schale mit dem Zucker vermischen. Die Butter in einem flachen Topf aufschäumen lassen, die Birnen zugeben und bei mittlerer Hitze 10 bis 12 Minuten garen, dabei ab und zu wenden, bis der Zucker karamelisiert und hellbraun wird. Nicht dunkelbraun werden lassen.

Grand Marnier und feingehackte Orangenschale zugeben und in 2 bis 3 Minuten leicht einkochen lassen.

Die Birnen auf Teller verteilen, mit der noch vorhandenen Flüssigkeit übergießen und mit Parmigiano Reggiano servieren.

Ein Konzert von Aromen

»Der Parmigiano Reggiano bildet das Fundament. In der Familie der Käsesorten ist er das, was der Kontrabaß bei den Streichinstrumenten ist. Über dem grundlegenden, väterlichen Baß des Parmigiano Reggiano spielen die leichteren, helleren Mitglieder des Käse-Orchesters ... Der Parmigiano Reggiano ist majestätisch, stark, vertrauenswürdig. Seine Gestalt zeugt von seinem mächtigen Geschmack. Er ist der Morgante* unter den Käsen.« (Alberto Savinio, italienischer Schriftsteller)

* Riese aus dem gleichnamigen burlesken Ritterepos des 15. Jahrhunderts, vergleichbar dem Gargantua von Rabelais (Anm. d. Übers.).

BALSAM-ERDBEEREN MIT PARMIGIANO

Es gibt sehr unterschiedliche Arten von Aceto balsamico, von preiswerten, alltäglichen bis zu exklusiven Sorten. Nehmen Sie für dieses Rezept den besten, den Sie bekommen (er sollte zumindest aus Modena und zwölf Jahre im Faß gereift sein). Er ist sehr teuer, aber Sie brauchen nur einige Tropfen.

Für 4 Personen:

400 g Walderdbeeren (ersatzweise halbierte Gartenerdbeeren)
Aceto balsamico
1 großer Keil Parmigiano
Frisch gemahlener Pfeffer (nach Belieben)

Servieren sie die Walderdbeeren in kleinen Schälchen, und stellen Sie die übrigen Zutaten einfach auf den Tisch. Aceto balsamico zum Drüberträufeln, Parmigiano Reggiano am Stück, von dem man sich nach Belieben bedient, und eine Pfeffermühle für seine Gäste, die – nach traditioneller Methode – eine Prise frisch gemahlenen Pfeffer über die Erdbeeren geben möchten.

BRATÄPFEL MIT HASELNUSSKROKANT

*Das Rezept für die gebrannten Haselnüsse ergibt mehr, als man hier braucht:
den Rest können Sie gut in einer dicht schließenden Dose aufbewahren.*

Haselnußkrokant

500 g Haselnüsse, geröstet und enthäutet
(s. S. 106)
500 g Zucker
10 EL Wasser

Bratäpfel

4 große Äpfel (Granny Smith, Cox Orange)
1/3 des Haselnußkrokants
4 EL geschmolzene Butter
8 kleine Spalten Parmigiano

Gebrannte Haselnüsse: Ein Backblech mit leicht geöltem Pergamentpapier auslegen.

In einem flachen Topf Zucker mit Wasser auf 120 Grad erhitzen (mit Zuckerthermometer kontrollieren), dabei nicht rühren. Wenn sich am Rand der Zuckermasse Kristalle bilden, sie mit einem feuchten Küchenpinsel abwaschen.

Die Nüsse zufügen und Topf vom Herd nehmen. Langsam rühren, bis der Zucker kristallisiert. Wieder auf die Herdplatte stellen und bei Mittelhitze kochen, bis der Zucker zu mittelbraunem Karamel geworden ist. Vorsicht bei der Arbeit mit Karamel: Er ist sehr heiß!

Die Masse auf das vorbereitete Backblech streichen und kalt werden lassen. In kleine Stücke brechen und im Mixer grob hacken.

Bratäpfel: Backofen auf 190 Grad vorheizen. Eine Auflaufform leicht ausbuttern.

Die ungeschälten Äpfel quer halbieren und mit einem Melonenausstecher aushöhlen. Den Rand der Hälften mit einem scharfen Messer zickzackförmig einschneiden. Die Apfelreste sehr fein hacken und mit der geschmolzenen Butter und dem Haselnußkrokant mischen. In die Apfelhälften füllen, dabei gut pressen.

Die Apfelhälften in die Auflaufform setzen und 20 bis 25 Minuten backen, bis sie weich sind, aber nicht zerfallen. Auf einem Drahtgitter etwas abkühlen lassen.

Den Saft, der sich in der Auflaufform gebildet hat, über die Äpfel geben, mit Parmigiano Reggiano servieren.

Grund-
rezepte

NUDELTEIG

450 g Mehl

4 Eier

1 EL Oliven- oder Distelöl

$^1/_2$ TL Salz

Das Mehl auf eine Arbeitsfläche sieben. Die restlichen Zutaten in eine Vertiefung in der Mitte geben und zunächst mit einer Gabel miteinander vermengen, dann von innen nach außen immer mehr Mehl unterrühren. Schließlich mit den Händen 10 bis 15 Minuten kneten, bis der Teig glatt und elastisch ist.

Den Teig vierteln und die Teile nacheinander dünn ausrollen. Die anderen Teile währenddessen in einem Plastikbeutel frisch halten.

Die Knetarbeit läßt sich mit einer Nudelmaschine wesentlich erleichtern und abkürzen. Man gibt den Teig in Portionen acht- bis zehnmal durch die weit gestellten Walzen, wobei man ihn immer wieder doppelt legt (die unregelmäßigen Ränder nach innen schlagen) und um 90 Grad dreht. Dann die Walzen enger stellen und Teig langsam auf die gewünschte Dicke bringen.

Sollte der Teig reißen, dann ist er möglicherweise zu feucht: Überpudern Sie ihn vorsichtig mit Mehl. Den ausgerollten Teig leicht bemehlen und ruhen lassen, dann entweder aufrollen und in die gewünschte Nudelbreite schneiden oder durch die Schneidewalzen der Nudelmaschine geben.

HÜHNERBRÜHE

*Brühe läßt sich gut einfrieren,
am praktischsten sind ¹/₄-l-Portionen,
da sie schnell auftauen.*

1 Suppenhuhn von 1,5 kg
1 Karotte
1 Selleriestange
1 Zwiebel
Bouquet garni: 1 Zweig Petersilie, 1 Lorbeerblatt, 1 Zweig Thymian, 5 Pfefferkörner
4 l Wasser

Das Suppenhuhn zerteilen, das Gemüse putzen
und in grobe Stücke schneiden. Alle Zutaten kalt
aufsetzen und zum Kochen bringen, dann bei
geringer Hitze und offenem Topf köcheln lassen. Schaum abschöpfen. Nach 2 Stunden die
Brühe abgießen, abkühlen lassen und im Kühlschrank kalt stellen. Das festgewordene Fett abnehmen und separat aufbewahren.

Hühnerfond: Brühe auf die Hälfte einkochen.

TOMATENSAUCE

*Auch Tomaten aus der Dose lassen sich gut
verwenden. Schneiden Sie die Tomaten klein,
und entfernen Sie den Stielansatz.*

3 EL Olivenöl extra vergine
2 Knoblauchzehen
1 Zwiebel
10 reife Flaschentomaten oder 1 große Dose
geschälte Tomaten
4 EL frisches Basilikum
4 EL glatte Petersilie
0,5 l Hühnerbrühe (Rezept links)
Salz, Pfeffer aus der Mühle
1 Msp Cayennepfeffer

Das Öl in einem flachen Topf erhitzen, auf mittlerer Hitze die feingeschnittene Zwiebel und die
gehackten Knoblauchzehen darin glasig dünsten.

Enthäutete und grob zerteilte Tomaten
(bzw. Inhalt der Dose) zugeben, ebenso die feingehackten Kräuter und die Hühnerbrühe. Mit
Salz, Pfeffer und Cayenne vorsichtig würzen. Die
Sauce köcheln und dabei etwas eindicken lassen
(ca. eine Stunde). Die Hälfte der Sauce im Mixer
pürieren und wieder in den Topf zurückgeben.
Wenn nötig, noch einmal nachwürzen.

GERÖSTETER KNOBLAUCH

4 Knoblauchknollen
1/8 l Olivenöl
Salz, Pfeffer aus der Mühle

Backofen auf 150 Grad vorheizen. Von jeder Zehe das obere Drittel der Haut entfernen. Die Knollen in eine geölte Auflaufform setzen und mit Olivenöl übergießen. Salzen, pfeffern und zugedeckt im Ofen 1 Stunde backen.

Deckel abnehmen und weitere 15 Minuten backen, dabei häufig mit Öl begießen, bis der Knoblauch ganz weich ist. Abkühlen lassen.

PESTO

4 Knoblauchzehen
1 großer Bund frisches Basilikum
4 EL geröstete Pinienkerne (Rezept rechts)
1/8 l Olivenöl extra vergine
30 g geriebener Parmigiano

In einem Mixer die geschälten Knoblauchzehen pürieren, dann Basilikumblätter und Pinienkerne zugeben und mittelfein pürieren. Bei laufendem Mixer 3/4 des Öls zugeben, dann den Parmigiano. Mit restlichem Öl auf die gewünschte Konsistenz bringen.

GERÖSTETE PAPRIKA

Damit man die Haut abziehen kann, brät man die ganzen Paprikaschoten bei großer Hitze, bis die Haut ringsum schwarz ist und Blasen wirft. Das geschieht auf großer Gasflamme oder im Ofen, den man auf 200 Grad vorheizt. Paprikaschoten nach mehrfachem Wenden herausnehmen und zum Auskühlen in eine Plastiktüte geben. Dann die Haut abziehen, halbieren und Stiel und Samen entfernen.

GERÖSTETE NÜSSE

Um Walnüsse und Pinienkerne zu rösten, gibt man sie für 6 bis 10 Minuten auf einem Blech in den Ofen (180 Grad), bis sie gebräunt sind.

Haselnüsse röstet man bei 160 Grad 10 bis 12 Minuten im Ofen. Abkühlen lassen, dann Nüsse in einem Tuch gegeneinander reiben, damit sich die Haut löst.

TOMATEN ENTHÄUTEN

Den Stielansatz ausschneiden, Tomaten für 30 Sekunden in kochendes Wasser geben, herausnehmen und in Eiswasser abschrecken. So läßt sich die Haut ganz leicht abziehen. Anschließend halbieren und Kerne herausdrücken.

 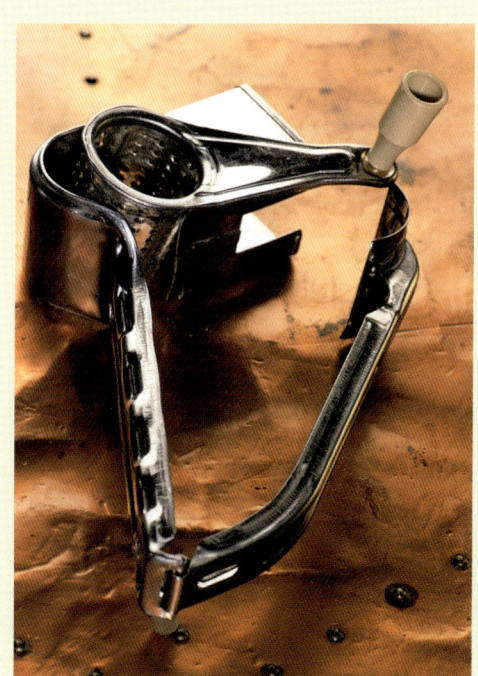

Nützliche Adressen

Am besten lernt man den Parmigiano natürlich an Ort und Stelle kennen. Aufs Geratewohl durch die Gegend zu streifen wird allein schon eine Reihe von Glücksfunden mit sich bringen. Achten Sie auf das Zeichen mit dem Käserad und einem Keil Parmigiano.

Hier einige Adressen:

Consorzio del Formaggio Parmigiano Reggiano
Via J. F. Kennedy, 18
I-42100 Reggio Emilia
Tel. (05 22) 30 77 41
Internet: http://www.parmigiano-reggiano.it:80

Fest des Parmigiano Reggiano
Am 1. Mai wird der berühmte Käse in Villa Aiola, einem kleinen Dorf bei Montecchio, mit einem großen Gelage gefeiert. In einem *caseificio* aus dem 18. Jahrhundert kann man die traditionelle Herstellung von Parmigiano auf Holzfeuern verfolgen.

Giuseppe Magnani
Via I. Newton, 39 a
Villa Gaida
Tel. (05 22) 94 21 39

Giuseppe Magnani war der Gründer des Consorzio del Formaggio Parmigiano Reggiano. Diese 1896 gegründete Molkerei in der Nähe von Reggio Emilia wird vom heutigen Präsidenten des Consorzio, Paolo Delmonte, geleitet. Magnani war auch ein großzügiger Kunstmäzen, die Fondazione Magnani Rocca betreibt in Villa de Mamiano bei Parma ein Museum für moderne Kunst mit einem guten Restaurant.

Otello dell'Asta
Via E. Copelli, 2 e
Parma
Tel. (05 21) 23 37 88

Dieser Käsehändler führt eine große Auswahl an Parmigiano, auch von *tenero*, dem noch nicht gereiften Käse.

Restaurants

Osteria di Rubbiara
Via Risaia, 2
Nonantola
Tel. (0 59) 54 90 19

Dieses kleine Restaurant 12 km nördlich von Modena gehört Italo Pedroni, einem Hersteller von Aceto balsamico. Seine Frau bietet eine klassische Modeneser Küche zu moderaten Preisen. Ein Schmankerl ist ein Stück Parmigiano mit einigen Tropfen von Pedronis altem Balsamessig. Voranmeldung ist dringend empfohlen.

Ristorante Parizzi
Via Repubblica, 71
Parma
Tel. (05 21) 28 59 52

Dieses Ristorante gehört zu den wenigen Restaurants in Italien, die von der Organisation *Buon Ricordo* ausgewählt wurden und ihre Hausspezialität mit einer Erinnerungsplakette auftragen: *Tortelli d'erbetta alla parmigiana* (Tortelli mit Kräuterfüllung und Parmigiano).

Register

Danksagung

Die Autorin möchte folgenden Personen danken:

Ihrem Ehemann Courtney Johns für geduldige Unterstützung und seine großen literarischen wie kulinarischen Fähigkeiten

Jennifer Barry für die Idee zu diesem Buch sowie – zusammen mit ihrer Mitarbeiterin Kristen Wurz – für die ausgezeichnete Zusammenarbeit

Philippa Farrar für die engagierte, genaue Prüfung der Rezepte; Dank auch an die anderen Tester für ihren wertvollen Kommentar: Mary Bartolli, Elizabethe Branstetter, Judy Dawson, Kate Dole und Bruce McGuire, Debbie Duggan, Nancy Edney, Michelle Fingert, Marilyn Greenberg, Linda Hale, Diana Harris, Keeley Johnson, Paula L. Knight, Marilyn Makepeace, Tim Neenan, Stan Nicolaides, Donna Pinckney, Laurence Pinnolis, Monica Salcedo, Amy Sloan, Glenda Spoonemore, Joyce Trevillian und Joan Willicombe

Mary Abbott Hess für ihre Hilfe bei ernährungswissenschaftlichen Details

ihren Freunden und ihrer Familie für vielfältige Unterstützung: Anne Dickerson, Michelle Fingert, Keri Jo Johns, Julia Loya, Juliana Middleton, Janice Ross und Edna Sheldon

Die Firma Jennifer Barry Design dankt folgenden Personen und Firmen für ihren Beitrag zu diesem Buch:

Ganz besonders Kirsty Melville, Verlegerin bei Ten Speed Press, für ihr enthusiastisches Interesse, und ihrer Cheflektorin Lorena Jones für ihre professionelle Betreuung

Nancy Radke und Martha Williams von Ciao Limited für ihre Mitarbeit und die Fotoproduktion zu Hause ebenso wie in Italien

Leo Bertozzi vom Consorzio del Formaggio Parmigiano-Reggiano für seine freundliche Unterstützung als Kontaktperson und Fremdenführer

Maria Hjelm für ihre freundliche Unterstützung und ihre Marketingerfahrung, Jenny Collins fürs Korrekturlesen, Anne Dickerson für verlagstechnische Beratung, und besonderer Dank an Vicki Kalish von Williams-Sonoma für Rat und Unterstützung.

Das Fotografenteam dankt: Biordi Italian Imports, San Francisco; Frank Mancuso von Vivande/Porta Via, San Francisco; Bruno Quercini und Amy Edelen von der Trattoria Pane e Vino, San Francisco; Niebaum-Coppola Estate Winery, Rutherford; Leonard's 2001 und Judy Goldsmith Antiques, San Francisco; sowie Barbara Chambers.

SLOW FOOD

Kommen Sie jetzt in den Genuß

Immer mehr Menschen erkennen, daß Essen und Trinken Teil unserer Kultur sind. Darum unterstützen immer mehr Menschen SLOW FOOD. Denn die internationale SLOW-FOOD-Bewegung setzt sich für die Achtung der Lebensrhythmen der Menschen und der Natur als Ursprung aller Nahrung ein; für die Verbreitung hochwertiger Lebensmittel, die naturnah mit sinnvollen Methoden erzeugt werden; für das Bewußtsein, daß jedes Land, jede Region und jede Jahreszeit eine Vielfalt von Nahrungsmitteln hervorbringen.

Darum machen bei SLOW FOOD alle mit: Produzenten und Händler, Winzer und Gastronomen, Verbände und Journalisten – und viele, viele private Genießer.

Mit der Anmeldung zur Bewegung SLOW FOOD International bekommen Sie automatisch Ihre Mitgliedskarte und ohne weitere Kosten die viermal im Jahr erscheinende Zeitschrift »Slow« zugeschickt. Die Mitgliedskarte gibt Ihnen die Möglichkeit, Rabatte und Vorteile, die unseren Mitgliedern exklusiv vorbehalten sind, weltweit zu nutzen. Außerdem werden Sie regelmäßig über SLOW-FOOD-Veranstaltungen in Ihrer Region informiert.

Ja, ich möchte in den Genuß kommen und werde Mitglied
bei der Bewegung Slow Food International.

Name	Vorname
Firma	
Straße	Postleitzahl/Ort
Land/Region	Telefon/Fax
Beruf	Datum/Unterschrift

Jahresbeitrag: DM 120,–, öS 650,–, sFr. 120,–.
Die Mitgliedschaft gilt 1 Jahr. Sie kann danach jederzeit
und ohne Angabe von Gründen gekündigt werden.

Zahlungsart:

☐ Überweisung auf das italienische
Postscheckkonto von SLOW FOOD
beim Ufficio postale di Bra (Cn) –
sede N°. 23-31
Konto-Nr. 17 251 125 (Überweisungs-
durchschlag liegt bei)

☐ Visa / Master Card

☐ American Express

☐ Karten-Nr.:

Ablaufdatum

Ort/Datum   Unterschrift

Bitte diesen Coupon kopieren und einfach in einen frankierten Umschlag stecken oder faxen an:
SLOW FOOD INTERNATIONAL OFFICE, VIA DELLA MENDICITA ISTRUITA 14, I-12042 BRA (CN),
TEL.: 00 39 172 41 12 73, FAX 00 39 172 42 12 93